大是文化

破框投資

照著做就能富

八大破框武器，不論是低薪、小資或準退休族，都能靠台股、美股、ETF，翻轉人生。

極上國際執行長、陳詩慧波段旅程 YouTube 創作者 陳詩慧——著

破框投資八大金律
三主軸
翻轉人生

主軸一

投資想獲利，得先懂總體經濟

第一步：
總體經濟主宰 50% 投資勝率

第二步：
臺、美市場一起看，找出產業連動

主軸二

檢視受惠企業財報，找出高富帥

第三步：用損益表選出高富帥個股

第四步：從 5 年本益比算出合理股價

第五步：三大法人是否同步買進？

主軸三

簡單兩條線，確立進出場時機

第六步：看 KD 值判斷買賣點

第七步：MACD 綠轉紅為起漲點

20 年投資經驗淬鍊而成的心法

第八步：我從慘賠中悟出的投資修練

CONTENTS

推薦語 ——007

重磅推薦 ——021

作者序 **死會活標，人生因破框而翻轉**——023

前　言 **以投資為本，創造自我價值**——031

我從慘賠中學到的投資心法

1. 要不成功賺到，要不失敗學到——037
2. 總體經濟主宰 50% 投資勝率——043
3. 臺、美市場一起看，找出產業連動——069
4. 用損益表選出高富帥——079
5. 從 5 年本益比算出合理股價——089
6. 三大法人是否同步買進？——093
7. 看 KD 值判斷買賣點——105
8. MACD 綠轉紅為起漲點——109
9. 我從慘賠中悟出的投資修練——113
10. 質押與融資，得先了解風險——123

PART 2 你最不能錯過的投資市場

1. 我買美股，竟從大賠 700 萬元開始——135
2. 找與臺灣高度連動的產業——139
3. 在臺灣買美股，有兩種方法——143

4. 我鍾愛的美股七雄──147
5. 分割股票的三大利多──157
6. 平時幾乎不看美股的盤──163

PART 3 買 ETF，比光存股更有效率

1. 投資 ETF 該有的致富心態──171
2. 錢一定要存在績效最好的地方──177
3. 6 檔最強 ETF 完成最美的夢──187
4. 避險最佳選擇：債券──205

PART 4 人生獲利商業模式

1. 不斷交易創造最高價值──215
2. 財富四象限──221

PART 5 川普 2.0 時代的破框投資

1. 世界經濟劇變，股市終將回歸熱絡──229
2. 股市未明時，用美債活化資金──233
3. 世界關稅新秩序，臺灣的風險與機會──237

結　語　**人生就像股票，努力就會增值**──247

推薦語

很多新手學投資，一開始就被大量資訊搞得眼花撩亂，不知道該從哪裡下手。這本書的實用之處在於，它不講大道理，而是直接告訴你怎麼做，有步驟、有方法、有邏輯。

作者把自己超過二十年的實戰經驗，濃縮成「投資八大金律」，用來判斷總體經濟趨勢、選對產業、看懂財報、搭配技術指標，一步一步帶你做出完整判斷，連小資族也能照著做、有章法的踏出第一步。

書中也能看見作者如何擺脫「窮」的標籤，靠著紀律與思考翻轉人生，更用被動收入實現了每個階段的夢想——出國念書、買房安家、為家人創造更好的生活。這些她都做到了，也寫下方法給你。

她不只講台股，也教你看懂美股的邏輯，更分享 ETF 的長期配置法。對於想靠投資累積資產、但又不知如何起步的人來說，這是一本非常實用的入門參考。

實戰歸納、架構清楚、故事真實，適合希望變有錢、但又不想亂投資的你。

——大俠武林

破框投資,照著做就能富

　　2021年8月和9月,詩慧老師與我一前一後在同一家出版社,分別推出波段投資和波段存股的作品。在宇宙的神奇安排下,我們倆因而相識,並暱稱彼此為「波段姊妹花」,也逐漸培養出深厚的情誼。

　　她從不避諱談錢,也不避諱討論如何賺錢,更是想方設法努力讓自己變有錢,我很欣賞她這種不造作、落落大方的態度。她展開吸金大法,不論是主動收入或被動收入、正財或偏財,只要有機會絕不錯過。舉凡投資餐飲業、台股、ETF、美股、債券、泰國市場,及成立YouTube頻道等,她都願意嘗試。

　　詩慧老師能成功,絕非偶然,而是必然的結果。她雖然經常謙虛的說自己出身低,但其實早已把自己琢磨成為一顆璀璨鑽石,發散出閃亮亮的光芒,讓我為她欣喜又驕傲。

　　現在她把所有的投資絕活,不藏私的公開分享給大家。就算我們沒有慧根可以全部學會,但相信只要學會其中的一招半式,也能讓自己的投資功力大增,邁向豐盛富足的人生。

——理財教育作家／江季芸

　　陳詩慧老師充滿熱情與勇氣,她用行動證明,只要懷抱熱忱,人生路上就不會感到艱難。在投資領域,她以理性與洞察力穿越市場波動,更為許多人開啟了財務成長的可能!

——主播、主持人／朱楚文

推薦語

　　認識詩慧姐已有一段時間，她是我遇到最熱情、最有行動力的人之一。她是一個用行動說話的人，無論是投資操作還是生活選擇，都帶著堅定的力量。本書除了分享操作策略、技巧之外，也是她親身走過跌宕起伏的經驗談，可說是她一部很真實的人生紀錄。

　　對於想學習投資、但又不知道怎麼開始的人來說，本書架構清楚，觀念也很實用，看完你會明白，投資可以是一種生活方式、一種踏實前進的選擇。

——老墨 Mofi

　　我一直相信，投資股票最終能否獲利，取決於「你有多渴望」從中找到屬於自己的那份收穫。這份渴望，不是急於求成的衝動，而是一種默默堅持、即使跌倒也願意再次站起來的力量。當心中有了這樣的渴望，就能在學習與嘗試中，不斷累積自己的能量。

　　詩慧就是這樣溫柔且堅定的人，她用自己的故事，為我們示範什麼叫做真正的成長。沒有人一開始就懂得投資，也沒有人的人生總是一帆風順。詩慧也一樣。她經歷過迷惘與挫折，但選擇把每一次跌倒的經驗，都轉化成前行的養分。她用最真誠的語氣，分享一路走來的心得，也歸納出投資需要知道的事。從台股的八大金律，到「投資美股比你想的簡單」等方法，字字句句都能讓

破框投資，照著做就能富

　　小資族在投資路上，更加篤定自己的每一步，為未來慢慢累積堅實的基礎。

　　在詩慧身上，我看到的不只是對投資的熱愛，更是對生活的溫柔擁抱。她總是笑容燦爛、樂於分享，無論走到哪，都能帶給身邊的人溫暖與勇氣。真心希望你也能透過本書，感受到那份對生活的熱情、對夢想的執著，並在人生旅途中，找到屬於自己的光亮與力量。

　　　　　　──《自組ETF，讓我股利翻倍的存股法》作者／吳宜勳

　　第一次見到詩慧，就被她爽朗的笑聲與和善的態度電到。她在投資與創業路上三度重摔卻越挫越勇，這些血汗教訓，被她熬煮成「投資八大金律」，再以「總經 × 財報 × 技術面」，組成三合一的投資導航系統，用詞溫柔卻犀利的提醒我們：真正的牛肉，永遠藏在風險控管中。

　　翻開本書，就像端起一碗慢火細熬的紅豆湯，香甜暖心來自耐心，飽足感來自紀律。書裡用實戰財報案例串連 AI 與 ETF 趨勢，讓新手秒懂波段買賣點，老手也能拿來校準資金配置；另外更附上 SOP 清單，陪你在台股、美股、ETF 浪潮中一步步抓準節奏、搶得先機。

　　若你正因碰上股災而心有餘悸，且對投資未來感到迷惘；或是需要建立投資主軸，來補強自己的理財系統，請務必把本書放

推薦語

進必讀清單中,老牛真心推薦大家:用心研究,安心持有。跟著詩慧,你會驚喜發現「破框」,其實就是破產與翻身之間,邁開那一步的勇氣。

——價值投資達人／股海老牛

人生的投資,無疑都想找一本必勝攻略,但如果投資全照著攻略玩,就不有趣了。這是一本實務教學的工具書,更是一本經驗導引指南,可以在決策中學習,淬鍊成良好的觀念,探索未知、豁然開朗。

——國立清華大學科管院創意長／洪嘉駿

從小到大,父母親或長輩常常叫我們努力用功讀書,將來長大之後,才可以找份好工作。但是,除了找份好工作,其實也可以創業帶給別人好工作,或是像華倫・巴菲特(Warren Buffett)成為投資人,靠金錢賺取金錢,進一步賺取自己的時間和生命,來成就另一種生活方式。這就是詩慧老師的「破框投資」。

常聽到別人說,或是偶爾我也會自問:「我只能夠這樣了嗎?」但就像我會自我提醒的兩句話:我們無法成為不知道的角

破框投資，照著做就能富

色，也無法賺到認知外的財富。透過閱讀和學習，能讓我們的人生除了可以有現在的樣貌，更多時候還可以有另一片風景。

誠摯推薦本書，讓我們的生命能夠有更多、更幸福的看見，以及更美好的遇見。

——郝聲音 Podcast 主持人／郝旭烈

我是這幾年才認識詩慧，相對於過去起伏較大的人生，我算是從她穩健成長的階段開始參與。本書的誕生正是她目前人生階段的最佳寫照，穩健且全面的看待投資理財這件事。

詩慧的投資八大金律，從全面性觀察總體經濟指標開始，進而分析個別產業的景氣循環；再從月營收及各項財務指標，尋找產業中具競爭力的績優股，最後利用各項技術指標，例如 KD、MACD（按：兩者皆為技術分析指標）以及三大法人的進出狀況，來判斷進場與退場的時機。

這樣使用基本面打底，再利用技術面選擇進出場時機的投資方式，最大的好處就是，即使遇到一些非經濟市場性因素出現，使短期股價遭到修正，也會因為公司本身具競爭力，又處在產業發展期，而能在未來得到股價的平反，很適合投資新手循序漸進的學習進入這個市場。

我在 39 歲退休離開職場，所以深知投資是退休生活必備的技

能。每個人都需要學會管理自己得來不易的資產,但就如同詩慧在書中寫的:「投資就跟潛水一樣,需要不斷的練習,熟悉水性以後,才不會溺水。」

——《賽道之外》作者、自釀啤酒冠軍／陳雨德 Daniel

在投資的路上,我相信一件事:紀律節奏,才是穿越波動、累積現金流的真正力量。而本書正是同樣深知這個節奏祕密的人,用她 20 年親身實戰經驗,為小資族、投資小白,打造出一套可以「一步一步練出來」的致富路徑。

書中歸納的投資八大金律,從總體經濟、產業選擇,到財報指標和技術面操作,每一步都讓你不再盲目跟風、焦慮追高,而是有節奏、有紀律的穩健累積資產。

而讓我印象深刻的是,陳詩慧用從家庭代工、海外打工、創業失敗再翻身的生命歷程告訴我們:即使起跑點不同,只要你肯學、肯跑,就能靠自己的腳步破框而出。

這不是一本高喊速成的投資書,而是一份陪伴、一份指引。推薦給所有渴望翻轉現況的人,跟著正確的節奏練習,你也能夠從迷惘走向穩健財富的路上,把每一個跌倒,練成下一次飛躍的力量。

——MK CASH 陪跑學苑創辦人／郭俊宏

破框投資，照著做就能富

牛頓曾經說過：「如果我能看得更遠，那是因為站在巨人的肩膀上。」投資股票不是到處問明牌、追高殺低，2025 年 4 月的股災，有許多人不幸破產，也有人幸運的把握住機會，為什麼？

請記住「知識就是力量」，站在知識上面的你，可以看得越遠、少走冤枉路，跟「財富自由」的距離也會越來越近。

本書作者陳詩慧，是極上國際執行長，同時管理三個餐飲品牌，更是破萬暢銷書《我用波段投資法，4 年賺 4 千萬》、《闖出人生好業績》作者。她在書中提出投資八大金律精妙見解，教你分析財報，看懂每股盈餘、毛利率、營業利率、淨利率等指標，並觀察法人進出籌碼，再搭配技術指標尋找買賣點。擁有知識，你才可以安穩在股海中釣魚。這是一本好書，在此推薦給大家。

──財經作家／陳重銘

你是不是常覺得，投資理財好像是很遙遠、很困難的事？但看完本書你會發現，原來致富可以這麼接地氣。

作者陳詩慧就像我們隔壁那個很會理財、打拚的鄰家大姐，她沒有顯赫的家世，卻靠著自己的強韌業務力和獨到的投資方法，從雲林的小女兒，搖身一變成為管理多家餐飲品牌的企業家。她將智慧結晶集結成冊，把超過二十年的投資經驗，濃縮成一套簡單實用的投資八大金律。跟著她的步驟，你會發現投資台股、美

股,甚至用 ETF 存退休金,一點都不難。

書裡沒有艱澀的術語,只有滿滿的實戰經驗分享。詩慧就像一位很罩的學姐,手把手教你怎麼看懂台股的眉眉角角、認識充滿機會的美股市場,還告訴你怎麼聰明利用 ETF,為自己的未來存下一桶金。

如果你也跟曾經的詩慧一樣,覺得錢不夠用、想為自己和家人創造更好的生活,本書絕對能給你滿滿的啟發和實際的方法。

——非凡電視臺主播/曾鐘玉

詩慧老師是我主持理財節目時,最喜愛、也最期待合作的來賓之一。她不僅專業素養深厚,對節目內容的準備更是一絲不苟——每次上節目前,總會主動先聆聽我設計的訪綱,寄來她親自整理的圖表與資料,並與我來回討論,調整內容與邏輯,確保最後的呈現既清晰又有深度。這份用心,讓每一次的訪談都充滿節奏感與含金量。

更難得的是,詩慧老師風趣幽默、親和力十足,能夠以貼近日常生活的語言,讓複雜的財經觀念變得淺顯易懂。她曾以「高富帥」來比喻具吸引力的好股票,分享哪些股票適合當情人短暫戀愛,哪些則值得長期投資、娶回家當老婆,令人聽了拍案叫絕、會心一笑,也真正把理財知識融入大眾的生活中。

破框投資，照著做就能富

很幸運認識這樣的她，她是財經領域中，少見兼具專業與親和力的女性典範。本書見字即見人，真誠又充滿實用的智慧。

——財經新聞主播／楊智捷

在股市裡，很多人都曾經賺過大錢，但是他們也會賠掉大錢，再來才是關鍵：要選擇黯然離開市場？還是繼續待在市場上，並且修正自己的策略，以求取進化？詩慧是後者，而且是已經在市場中享有名氣的人，能勇於公開承認自己的不足，強迫自己改變與精進，這樣的投資達人不多。

她在一次又一次的挫敗後，重新站起來，每一次都進化到更厲害。她擁有鮮明的個人風格，即是不怕犯錯，只怕沒有學到教訓。她勇於不斷嘗試、積極改進，於是你能在本書中看到這麼多寶貴的經驗、挫敗紀錄與翻身歷程。

詩慧是從無到有、越挫越勇的活教材，也是樂於分享、常保積極正面心態的實踐者。我們不一定要學會書中每一種方法，但只要能在她的示範下，讓我們成為一位更勇敢、更積極正向的投資者，此書絕對值了！

——《內在原力》系列作者、TMBA 共同創辦人／愛瑞克

推薦語

如果你跟我一樣，曾經為了家庭、孩子，暫時放下自己的職場生涯，那麼你一定懂得那種「一切歸零」的感覺。

大家好，我是「陳詩慧波段旅程」YouTube 頻道裡的小資代表 Dana 電長。從臺北商專企業管理系畢業後，在香港商投顧公司擔任客服主任。聽起來好像還不錯，對吧？所以有人質疑我：「妳這樣也算理財小白嗎？」

但說實話，當我決定辭掉工作、全心投入成為全職媽媽時，過去的學經歷、職場資歷彷彿一夜之間歸零，一切像一張白紙一樣重新開始了。

那幾年，我專注陪伴兩個孩子成長，帶他們參加各式各樣的活動：從臺北捷運逃生體驗營到南瀛天文館，我們的足跡遍布臺灣南北。我的眼中只有孩子，連先生可能都覺得自己被我小小的冷落了。

這段時間，我對理財的態度就是完全放空。連先生公司提供的員工認股，都只是傻傻的認購，單純的認為：「這種事不會錯吧。」結果因為沒有持續關心，股票價值竟然一路跌到只剩下原本的 1/5。然而那時候的我忙著帶孩子，根本無暇顧及這些。

直到孩子漸漸長大，我開始有屬於自己的時間，這時詩慧的一句話點醒了我：「你不理財，財不理你。」以前工作時這句話天天掛在嘴邊，沒想到早已被自己拋諸腦後，我才意識到不能再這樣下去了。

如果我在十年前就懂得更積極管理金錢，現在的生活會是什

破框投資，照著做就能富

麼模樣？這樣的自問讓我痛定思痛，決定從現在開始學習。不是為了賺大錢，而是為了創造屬於自己的生活自由。

2020年12月，我正式加入了「陳詩慧波段旅程」頻道，利用「小編」這個工作，開啟重返職場後的第一份主動收入。坦白說，我完全不懂影片剪輯，真正從零開始。但幸好網路資源豐富，憑著一股不服輸的精神，我自學影片剪輯，只為了讓頻道內容能更生動，讓更多人輕鬆了解理財。現在，我是頻道的「製作人」了。

隨著接觸越多影片主題，像是總體經濟趨勢、個股走向、ETF高股息發展等，我的理財觀念也慢慢累積起來。詩慧常說，不要盲從，先找一個自己有興趣的產業專注觀察，累積足夠的認識後，再從中找出一個或一些公司仔細研究，慢慢的就會了解它，進而發覺可以如何投資它，可能是存股，也可能是波段操作。我跟隨詩慧的引導，先後接觸ETF和科技產業，不久之後就親身感受到：當我開始理財，財富真的就會回應我了。

這四年半以來，我專心累積自己的被動財務，例如投資了112張國泰永續高股息（00878），平均每個月可以領到約15,000元的被動收入，這些股利我又再投資回去，滾出更大的雪球。阿爾伯特·愛因斯坦（Albert Einstein）說過「複利是世界第八大奇蹟」，現在我真的相信了。另外，我也勇敢布局AI產業，買進聯發科（2454）股票，在市場不看好時進場，短短不到一年，創造了近60%的投報率。

這些小小的成績，都是五年來一步一腳印慢慢堆疊起來的，

但如果當初選擇繼續忽視財務管理,今天的我依然只能依賴薪水過生活,無法替自己和家人創造更安心、自由的未來。

因此我想分享給每一位正在看這篇文章的妳,只要願意學習,隨時都能重新掌控自己的財富。理財不是專屬於有錢人的遊戲,它其實是我們每個普通人都應該掌握的生活技能,而且無須一開始就很厲害,每天學一點、每月存一點、每年投資一點,時間會是你最好的夥伴。只要願意,現在,就是最好的開始!

——「陳詩慧波段旅程」YouTube 頻道製作人／Dana 電長

重磅推薦 （依姓名筆畫排序）

大俠武林
理財教育作家／**江季芸**
主播、主持人／**朱楚文**
老墨 Mofi
《自組 ETF，讓我股利翻倍的存股法》作者／**吳宜勳**
國立清華大學經濟系教授兼科管院在職專班執行長／**林世昌**
價值投資達人／**股海老牛**
美股夢想家創辦人／**施雅棠**
國立清華大學科管院創意長／**洪嘉駿**
郝聲音 Podcast 主持人／**郝旭烈**
《賽道之外》作者、自釀啤酒冠軍／**陳雨德 Daniel**
MK CASH 陪跑學苑創辦人／**郭俊宏**
財經作家／**陳重銘**
口袋證券董事長／**陶韻智**
非凡電視臺主播／**曾鐘玉**
財經主持人／**葉芷娟**
小資理財教主／**Dr.Selena 楊倩琳博士**
財經新聞主播／**楊智捷**
《內在原力》系列作者、TMBA 共同創辦人／**愛瑞克**
算利教官／**楊禮軒**
非凡電視臺《只要錢長大》主持人／**鄭明娟**
財信傳媒集團董事長／**謝金河**

作者序

死會活標，人生因破框而翻轉

我叫陳詩慧，還記得考大學時，母親拿我的名字去算命，算命先生說這名字是大凶，要改名才能考上大學，不然這輩子都會一事無成。

詩慧的諧音是「死會」，所以我從小綽號「死會」。長大後參加學校社團，我會拿它來自我介紹，就有人回答我：「死會活標啊！」這個綽號反而讓大家更記得我。

結果死會活標真的成了我的人生。就像一張股票，均線糾結好幾年後，好不容易要開始起漲了，卻又突然跌停，然後再從底部開始打底、起漲、轉折向上、漲停……不斷的重複。但每次下跌回漲，底部都是越墊越高，讓我逐步往績優股前進。

從小到大，我身上的一切是如此平凡，但是又有一點不平凡：**因為如果我安靜下來，滿腦子想的都是如何賺錢。**

我出生在沒有太多資源的雲林斗六，家裡窮，從小跟著媽媽做家庭代工，沒上過幼稚園。要讀小學時，全家才因為爸爸工作的關係搬到臺北，就學惡夢從此開始。

一年級開學第一天，學校進行注音測驗，考注音符號ㄅㄆㄇㄈ，我從來沒學過，一題都不會。隔天再測驗一次，結果一樣考

零分,從此成為「問題兒童」,小學生活在被處罰、訕笑中度過。

11歲時我想有一輛自己的腳踏車,家裡當然沒錢買,我便跑去毛巾工廠打工,在又熱又悶的廠房裡搬毛巾、摺毛巾。一個暑假後,我賺到了買腳踏車的錢,但也暗自下定決心,長大絕對不當女工。

擺脫家貧困境,用基金賺到人生第一間房

我想脫貧,所以從小就無時無刻不在想著如何賺錢。而能賺大錢的資本,就是一定要考上大學,之後還要出國留學。

於是我卯起來念書,準備大學聯考時家裡沒有冷氣,每當念書熱得受不了,我就沖溼身體,再對著風扇吹來降溫。「拚命」的成果,就是全班只有5人考上大學,而我是其中一個,上了東海大學外文系。

大學畢業後,我進入一家電子公司工作,起薪23,480元,週末兼差教美語,計畫存夠錢就出國念書。工作第一年存到了30萬元,便急著想要加快存錢速度,在完全不懂投資、也不懂財報的情況下就買了日本基金,結果慘賠70%。我只好繼續拚命工作、省吃儉用,再苦熬了2年後終於存到百萬元,仍不足以支付在英國念碩士的學費和生活費,於是我計畫先申請學校出國,再想辦法湊齊缺額。

就在那時我看到新聞報導,有家叫做「順大裕」的公司要一

作者序　死會活標，人生因破框而翻轉

比一配股，也就是持有 1 張股票，就能再配得 1 張股票。我不知道順大裕是做什麼的，更不清楚它的業績好不好，只想到順大裕的股價 245 元，買 1 張是 24.5 萬元，但加配 1 張後，24.5 萬元就會變成 49 萬元，這樣下學期學費就有著落了。便把預留的錢拿去買順大裕，然後安心出國。

不料到了下學期，我想把順大裕賣掉繳學費時，才發現它竟然已經變成地雷股下市。我的人生頓時天崩地裂，站上了命運的十字路口，必須抉擇要收拾包袱回臺灣，還是撐下去把書念完？

沉重的打擊讓我崩潰大喊掉淚，跟觀世音菩薩祈求，我這麼努力工作存錢，好不容易能夠出國念書，一定要完成碩士學業。

這時似乎有一股力量，帶著我走進漢堡王（Burger King），坦然告知店裡的人，我沒有錢繳學費，可否僱用我？就這樣，我一邊在英國的速食店裡打工，一邊跟親友借了 45 萬元先繳學費，每餐不是靠店裡的員工餐解決，就是吃義大利麵拌鹽巴，撐下去把學業完成。

回國後，我進入網通業做業務，努力工作、省吃儉用，隔年就還清了那 45 萬元。但即便已沒有債務，我還是無法跳脫老鼠不停踩著轉輪、窮忙的命運，再次想著如何可以有更多收入。

於是，我開始看財經書籍與雜誌，學習關於金錢的基本知識。因為沒錢買，所以經常一下班就到 7-Eleven 報到，站在貨架前翻讀，看到不懂的就記在紙上。後來就買《財訊》雜誌，裡面有上市櫃公司的產業分析與財報資料，我會挑出有潛力的個股成為口

袋名單，開始追蹤分析。

然而一朝被蛇咬，10年怕草繩，順大裕的慘賠經驗讓我對股票敬而遠之，深怕又踩到地雷，只敢買基金。我從基金開始投資，且買的都是國外基金，從能源、原物料、石油到黃金，其中以中國基金獲利最多，**3年時間從50萬元翻倍到300萬元**。直到對於總體經濟和財報分析都理解得更透澈、更有把握後，才敢再進入股市，並累積到足夠的獲利，購入人生第一間房。

創業失敗又負債，靠波段操作重啟人生

我相信孩子帶財，且努力工作也慢慢被升職加薪，再加上投資而來的被動收入，讓我能為了孩子逐步把房子從小換大，地段越來越靠近學區。有房、有車，加上已是科技產業的百億超級業務，負責公司50％的業績，這時公司組織變動，我決定離職創業，從業務進階成為董事長，人生看似步上顛峰。

2016年8月，歷時3年的創業以失敗告終，原本懷抱夢想，期望在雲端物聯網領域創出成績，最後卻因為股東間對公司願景不同而散團。我從意氣風發墜入無底深淵，從公司董事長變成沒工作、沒收入，還背負1,800萬元房貸的人。

房貸壓力如巨石壓肩，沉重到睡覺會在半夜驚醒，夢到房子被抵押，孩子們沒地方住。整個人每天都很憂鬱，早上獨自坐著，就會不知不覺一直掉淚。但我沒有沉淪太久，那股想要變有錢的

作者序　死會活標，人生因破框而翻轉

力量就回來了，讓我開始注意總體經濟動向與股市，準備再一次靠投資突圍。

我發現 2016 年底外資不斷的匯錢來臺灣，總共匯了 3,700 億元，新臺幣不斷升值；隔年 2017 年初，美元兌新臺幣的匯率，1 個月便從 1：32.32 升值到 1：31.19，是進軍股市的好時機，於是把賣掉舊房子而湊來、原本要償還房貸的 400 萬元，全數投入股市。

這段低潮期，我還參加了照顧服務員的課程，並到孩子就讀的小學當志工老師，因為有位長輩開導我說：「當你不知道要做什麼的時候，去做志工就對了。」當照服員的那段時間，我看到比我更不幸的人，例如因為情傷而跳樓成為植物人的漂亮女孩，以及全身刺青，但只剩臉部表情能傳達情緒的黑道大哥。讓我覺悟，自己好手好腳、能夠幫助照顧別人，為什麼幫不了自己？志工之路，治好了我悲傷的心，使我決心重新振作。

再次投入股市後，我嚴密關注世界總體經濟的發展、企業的財報數字，及技術線型的變化，波段操作 2 年後，將 400 萬元滾成 2,400 萬元，終於還掉大部分的房貸，重啟人生。

投資是破框最佳工具，我就是最好的證明

之後我仍遇到幾次困境、跌落谷底，包括 2020 年時因為錯估了新冠疫情對全球經濟的影響，導致投資在美股石油 ETF 的 720

破框投資，照著做就能富

萬元付之一炬。我重新審視修正自己的投資策略，發現當系統性風險來臨、黑天鵝出現時，千萬不能挑戰低點的底線。直到石油價格回穩，我知道經濟將開始復甦，便將已經還掉的房貸重新貸出來，**投入石油 ETF，2 個月再全數賣出，將賠掉的 720 萬元賺回來。**

另外，我也曾在台股大好時期，自以為是投資常勝將軍，2022 年初股市創新高時，不僅把手上的現金全部投入，還再融資加碼。沒想到當時的 18,619 點高點，因俄烏戰爭爆發、全球通膨高漲、美國聯邦準備理事會（Federal Reserve Board，簡稱聯準會）升息緊縮資金等總總影響，引發市場恐慌，進而拖累科技股走勢。台股隨著國際股市一路向下，加權指數從萬八狂跌，最低來到 12,629 點，我的帳面損失高達千萬元。

這回所幸，我已把先前的獲利做好資產分配，同樣把已還掉的房貸再貸出來，回補快被斷頭的部位，把維持率提高到 133％以上。後來股市好轉，帳面損失也慢慢回來，跟著股市創新高。

這 20 年來的投資經驗，我累積出一套完整的系統，再經過不停的學習、修正，最終淬鍊出「投資八大金律」。跟著金律一步步的檢視，從總體經濟、財務分析，到技術線型與投資心態的建構，一定能在大多頭時發現機會、空頭時減低傷害。每天看財經新聞、每週為手中持股檢視這 8 項指標，慢慢的，練習會變成習慣，累積成為奇蹟。

這本書裡不只有投資八大金律的內容，更重要的是我想告訴

作者序　死會活標，人生因破框而翻轉

　　大家，在這主動收入趕不上通膨的時代，想要出國念書、買房、買車、帶家人出國旅遊……卻受限於沒有本錢，投資便是逆轉的最佳工具，而我的人生就是最好的證明。

　　在投資的國度裡，你無須知道對方是誰，對方也不必知道你是誰，無論貧窮或富有，大家都在公平的一條線上，就像忍者在黑暗中練功，越練就會越厲害。

　　有時環境或一時的失敗，會像圍困住我們的框，就像我，出生時有「家境貧困的框」，第一次買股時有對投資「無知的框」，但這些限制卻也能刺激我們向上，只要正向思考、善用投資工具，就能「破框而出」，我可以，相信你一定也可以。

陳詩慧破框投資
LINE 貼圖

前言
以投資為本，創造自我價值

當你開始領到第一份薪水時，除了很開心自己有賺錢能力，還有一件更重要的事：如何運用每個月的薪水讓它為你工作。

這本書集結我從大學畢業後的第一筆薪水 23,840 元起，到現在 20 年來的投資理財經驗，從剛開始投資基金賠錢、買股踩到地雷股，到留學回國後，以及認真學習投資理財的過程。你會看到我是抱著什麼樣的心態，度過一關又一關的人生難題，而那也是很多人會面臨的問題。

投資路上一定會遇到各種困難，但也都可以重新磨練技巧，慢慢建構穩健的投資心態後再次出發。就像我最喜歡的那句話：「投資這條路不是成功賺到，就是失敗學到。」走過這些風暴，我們的心態會更堅定、未來的投資之路更扎實，也更有確切感。

本書涵蓋了台股、美股、ETF、債券投資，也告訴你融資與質押的危險在哪，以及如何用投資獲利的錢做資產分配。這些方法讓我走出自己的人生，能夠開展屬於自己的事業、有更多時間陪伴家人，做我覺得有價值、有意義的事。

拍本書封面形象照的那一天，與化妝師閒聊，我問她：「妳賺來的錢都放在哪裡？」化妝師回答都存在銀行。這個答案並不

破框投資，照著做就能富

出奇，但絕不是最有效率的安排。

本書編輯時正好是美國總統唐納・川普（Donald Trump）對各國提高關稅之時，全球股市大跌，台股中的國泰永續高股息（00878）ETF 從 23 元跌至不到 20 元。於是我跟她分享 ETF 是不錯的選擇，這時候買算是撿到便宜，只要把當天幫我化妝的收入拿出 1,000 元買 50 股，之後每季都會收到 0.5 元股利，1 年就有 2 元的股利，殖利率將超過 10％。若是 00878 再漲回 23 元，含股利將會有 30％的報酬率。

我繼續算給她看，00878 的平均年化報酬率有 11.48％，相當於每 8 年資產就會翻倍，化妝師聽完眼睛亮了起來，直呼從來沒有人跟她說過這些，但聽我說明覺得簡單又好懂，決定要去開戶開始投資。

這些投資概念我不僅分享給周遭朋友而已，在我的 YouTube 頻道「陳詩慧波段旅程」，每週六晚上 8 點都會上線談論各種投資主題，我希望這些影片可以影響到更多人，讓大家都懂得投資理財的方法。

在現實社會中，如果我們的環境不夠好、薪水不比人家多，競爭力可能就不如人；但在投資的世界裡，不管你的社會地位如何、有錢還是沒錢，大家都是平等的，因為誰也不認識誰，只要像忍者在黑暗中練功，越練就會越厲害。

前言　以投資為本，創造自我價值

投資是為了人生再進化

　　本書的宗旨是讓我們學好錢的知識：首先為股市的投資心法，是我以 20 年投資經驗歸納出的八大金律，包括股市何時是起漲點、台股跟美股的連動性、如何從產業選擇個股、怎麼判斷入場時機，以及波段操作賺價差的程序為何等。這些都是實實在在的技術，了解邏輯後不斷練習，一旦培養出手感，將變成習慣，最後成為刻在你心裡的投資聖經。

　　接著會說明如何運用 ETF 做資產配置，既能持續增加資產，又能有穩定獲利，如同每個月領到固定薪水一樣，內心將更安穩；再教大家如何用 Excel 做績效統計表，從中選出績效好的 ETF，讓存股更有效率。

　　很多年輕人為了獲利更快，會使用融資或質押，這兩項工具都不是壞事，關鍵是必須注意安全，否則撞車受傷，多年的努力將毀於一旦。因此書中有專屬篇幅，告訴大家融資與質押的注意事項，怎麼運用才安全，以及什麼情況下千萬不要融資。始終要記住：留得青山在，不怕沒柴燒。只要能留在市場，長期下來就是勝利。

　　人生必須不斷的交易，才能創造出最高的價值，在最後我會分享自己的人生進化歷程，把手中擁有的資源，做最有效率的轉換，比如我把投資獲利的錢拿來買房，給家人一個安穩的家，以及再度創業，與朋友合夥經營餐飲品牌，還搭起就業創業平臺，

33

破框投資，照著做就能富

讓更多夥伴加入我們。

　　懂得投資理財，可以創造出這麼多價值，與自我成就的肯定。
讓我們一起成為帶給大家更多光芒的人。

PART 1
我從慘賠中學到的投資心法

投資就跟潛水一樣,
需要不斷的練習,
熟悉水性以後,才不會溺水。

01 要不成功賺到，要不失敗學到

2024 年 9 月底我去帛琉浮潛。雖然當時穿著救生衣，但因為是第一次浮潛，又不太會游泳，腳下空空的，對海水怕怕的。我跟著教練、抓著浮板，把頭伸入水面下，看著海裡美麗的珊瑚與魚群。教練還把海裡的海參拿上來，放在浮板上給我們看，沒想到牠突然噴水。這裡的水母沒有毒，軟軟的像果凍般，從我手上滑過。粉粉透明的水母如花朵般呼吸，畫面仿如 Discovery 頻道，窒息的美麗。

第二天浮潛時，我覺得自己熟悉水性了，開始敢放開浮板到處游，結果一不注意，離開教練與浮板好遠，我開始緊張、慌了。這時咬嘴與蛙鏡也掉了，不由得大叫、手亂揮，就算穿了救身衣，身體還是一直往下沉，不斷的喊救命。還好教練即時發現，趕快來救我。

投資就跟我的浮潛經驗一樣，若不熟悉買進的個股，只是幸運賺到錢，便會誤以為自己很厲害，就開槓桿融資、跟風大買股票，以為也會賺錢。但因為不熟悉股性，看到大盤下跌就慌了，趕快賣掉，萬一過幾天看到賣掉的股票開始大漲，又好後悔，情

緒陷入無限迴圈⋯⋯。

天下沒有白吃的午餐，投資更是如此，必須一步一腳印，扎扎實實學習金錢的知識，才能把不懂的搞懂，賺到你懂的財富。

了解總經，你就贏了一半

我曾經踩到地雷股順大裕，負債了 45 萬元。當時我不斷告誡自己，那是因為外文系畢業的我，對金錢知識的了解不夠，才會賠這麼多錢，所以就讀商學院碩士時，我在經濟學、會計學等跟錢相關的科系上，更加花心思努力用功，回國後更大量閱讀財經新聞、雜誌、房產、商學等跟賺錢相關的知識，強化投資的判斷分析能力。

我將這些知識和經驗，歸納成八大金律，其中包含 3 個主軸，一步一步把大家的總體經濟概念，及適用於台股投資的技術線型技巧建構起來。當建構起底層邏輯後，這些知識便能化為實用且可行的步驟。

八大金律如下：

第一：觀察全球總體經濟。

第二：分析產業基本面，選出熱門產業龍頭。

第三：從損益表、月營收，挑出高富帥個股。

第四：看近 5 年股價變化，找出最高點與最低點。

第五：注意三大法人是否悄悄買進。

第六：看 KD 值，KD < 30 買進，KD > 80～90 過熱賣出。

第七：分析 MACD 找出股票起漲點。

第八：跌買、漲賣，切記勿貪。

八大金律從全球總體經濟出發，因為它占整體投資一半的影響因素。2025 年 4 月連假過後，川普的關稅政策讓全世界股市如坐雲霄飛車一般，就是最好的證明。

川普在 2025 年 4 月 2 日推出「對等關稅措施」（Reciprocal Tariffs），4 月 7 日週一，台股一開盤即收盤，所有股票幾乎全面跌停，大盤慘跌了 2,000 點；4 月 8 日週二，持續大跌 772 點；4 月 9 日週三，國安基金進場護盤，但還是跌了 1,068 點，大家心更慌；4 月 10 日週四，同樣是開盤即收盤，但這天是所有股票幾乎全面漲停，漲了 1,608 點。

很多人在這次關稅風暴中被市場洗出場，融資從超過 3,200 億元，一週便減少了一千多億元，維持率降到 120% 以下。那些因融資被斷頭離開市場的人，無法迎接從週四開始的台股上升趨勢，只有還在市場的人，才有機會把損失漸漸收回來。

了解總經，你就贏了一半。因為看到 3 月出口值 495 億美元，創歷史新高，出口連 17 紅，就可以知道，經濟並沒有衰退，不用急著賣股票，反而可以跟著國安基金進場，趁低點買進。

接下來的第二項至第五項，是找出在總體經濟中受惠的企業，

破框投資，照著做就能富

想了解現在的熱門產業是什麼，其實一點都不難，從臺灣每個月出口值中，看哪些產業占比最高就知道。接下來便是檢視公司的基本面，從月營收、毛利率、營業利益率、淨利率是否持續增加，以及近 5 年的股價變化、三大法人持股比率等，選出理想的標的。

第六項至第八項便是尋找買賣點，我採用的技術線型分析是 KD 值及 MACD，由於我通常選擇績優股，比如台積電（2330）、聯發科（2454）等，做中長期的波段操作，這兩個指標互相輔佐，多年下來，每個波段累積的獲利都很可觀。

圖表 1-1　投資三主軸

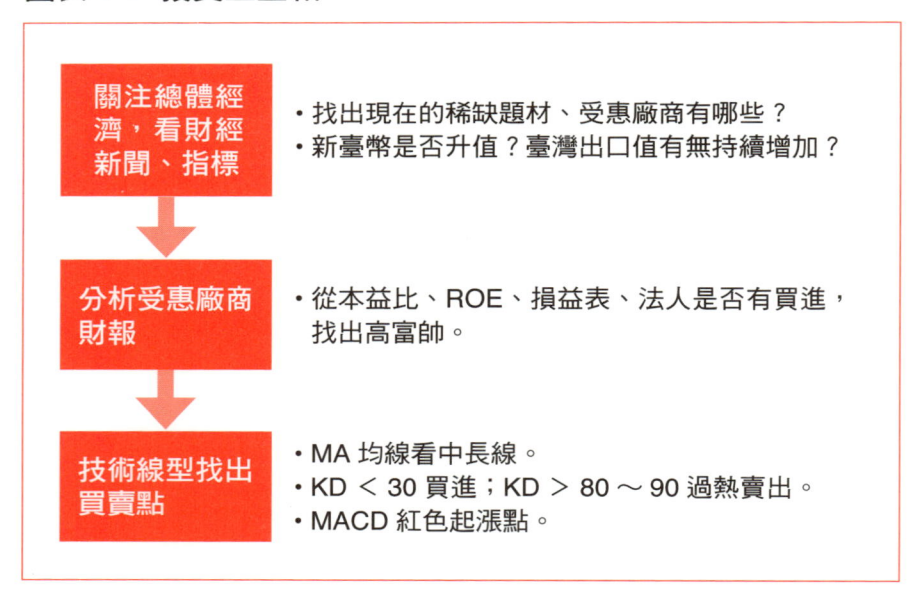

關注總體經濟，看財經新聞、指標	・找出現在的稀缺題材、受惠廠商有哪些？ ・新臺幣是否升值？臺灣出口值有無持續增加？
分析受惠廠商財報	・從本益比、ROE、損益表、法人是否有買進，找出高富帥。
技術線型找出買賣點	・MA 均線看中長線。 ・KD < 30 買進；KD > 80 ～ 90 過熱賣出。 ・MACD 紅色起漲點。

這 20 年來,我經歷過很多次股市高低起伏,股市很容易因為一句話、一個事件就坐起雲霄飛車,打落我們的生活品質,一定要有穩健的心態和紀律才能安穩下車。

投資八大金律是一個有邏輯性、經過十年磨一劍淬鍊的投資系統,只要反覆練習,累積經驗與次數的磨練,便能讓這把劍越來越鋒利,打造出創造 10 倍的獲利模式。

陳詩慧的破框投資八大金律

第一:總體經濟主宰 50% 投資勝率

第二:臺、美市場一起看,找出產業連動

第三:用損益表選出高富帥個股

第四:從 5 年本益比算出合理股價

第五:三大法人是否同步買進?

第六:看 KD 值判斷買賣點

第七:MACD 綠轉紅為起漲點

第八:我從慘賠中悟出的投資修練

02 總體經濟主宰50%投資勝率

投資這條路，就像自助旅行，你以為已經計畫得很周到，但就是有無法預知的災難。2024年暑假，我給了自己50歲的生日禮物——獨自開車4,000公里，到加拿大冰原大道（Icefield Parkway）看千年冰河。

回程經過賈斯坡（Jasper）卻遇上森林大火，所有道路與城鎮都封閉。本來要從賈斯坡開車回溫哥華的我，必須繞遠路，在繞路途中不時看到被燒光的樹，與逃離森林的動物們，甚至遇到落石擋路。

加拿大的高速公路上沒有路燈，我在晚上9點摸黑開車，就算有車燈，前方依然一片漆黑，越開越害怕。好不容易遇到檢查哨，我跟女警表明是從臺灣來旅遊，遇上大火封路而繞遠路，現在又有落石，我不太敢再往前開。女警說落石已經清除，也有其他車輛等著通過，她會讓我第一個走。

但路不熟又沒有燈，我還是不敢第一個走，希望跟在其他車的後面比較安全，沒想到女警卻說，那些車都是當地人，熟悉地形，很快就會開走不見，必須讓我在最前面，他們在後面無法超

車,車頭燈能幫我照亮前面的路。

感受到這位女警的智慧,她讓後面的車保護我,以免我出意外。我很感激她的好意與善良。就這樣安全抵達了有三溫暖、餐廳、游泳池、健身房的飯店,有如到了天堂般的喜悅。如果沒有在極端的恐懼中度過,無法感受劫後餘生的美好。

突然大跌怎麼辦?首要觀察總經數據

這經歷跟黑天鵝來襲很像,會令人措手不及。但如果有正確的對策,抓住大環境破碎後重建的機會,將會有意外的收穫。而總體經濟(以下簡稱總經)中,有以下 6 點可以幫助我們了解當前大環境的好或壞:

1. 國內生產毛額(Gross Domestic Product,簡稱 GDP)及失業率:判斷國家經濟是否穩定成長。
2. 消費者物價指數(Consumer Price Index,簡稱 CPI):衡量通貨膨脹的重要指標。
3. 匯率及美元指數:了解全球經濟,錢流向哪邊。
4. 美國 10 年公債殖利率及升降息:貨幣寬鬆策略,經濟蕭條與否。
5. 臺灣每月出口統計:代表臺灣經濟是否成長。
6. 石油及黃金價格:反映全球民生需求強弱,經濟危機時石

油價格會暴漲。

總經出現兩大訊號，台股必漲

新臺幣升值，就是台股要漲的跡象。因為外資不斷匯錢到臺灣，既不能炒匯，又不能放定存，當然就是來買台股。因此，看到外資匯錢來臺灣，就知道是台股上漲的訊號，可以準備布局。

從下頁圖表 1-2 可以看出來，新冠疫情在 2020 年過年後開始爆發，引發全球經濟與資本市場變化，對新臺幣的走勢也產生了影響，其中有幾個關聯點，包括：

・遠距工作、線上學習使得電子產品需求暴增，帶動晶片、大宗電子零組件的需求，出口增強、外匯流入，自然對新臺幣產生升值壓力。

・疫情初期全球避險情緒上升，之後隨著聯準會快速降息、實施大規模寬鬆政策，導致美元整體走弱，加上不少熱錢尋求報酬率較高的市場，而防疫得當、經濟穩健、股市表現好的臺灣市場具吸引力，且造成新臺幣需求上升。

・疫情導致出國人數大幅減少，原本會外流的旅遊支出被留在國內，促使臺灣的經常帳順差擴大，進一步支持新臺幣升值。

2020 年 3 月 23 日時台股大盤 8,523 點，新臺幣兌美元匯率為

破框投資，照著做就能富

1：30.2；到 2022 年 1 月 10 日時台股大盤 18,403 點，新臺幣兌美元匯率為 1：27.54，不到兩年時間，新臺幣升值超過 2.5 元，台股大盤也上漲逼近萬點。

我在 2024 年 10 月去泰國旅遊，換匯時發現泰銖強力升值。一個國家的經濟是否越來越強勁，從換匯就可以知道。新臺幣兌泰銖匯率從 1：0.89 貶值到 1：0.97，就知道泰國經濟力強勁，是一個可以投資的市場。事實上，整個東南亞的經濟都在變強，這個世界正在改變，從旅遊看各國經濟變化，是很好的觀察學習。

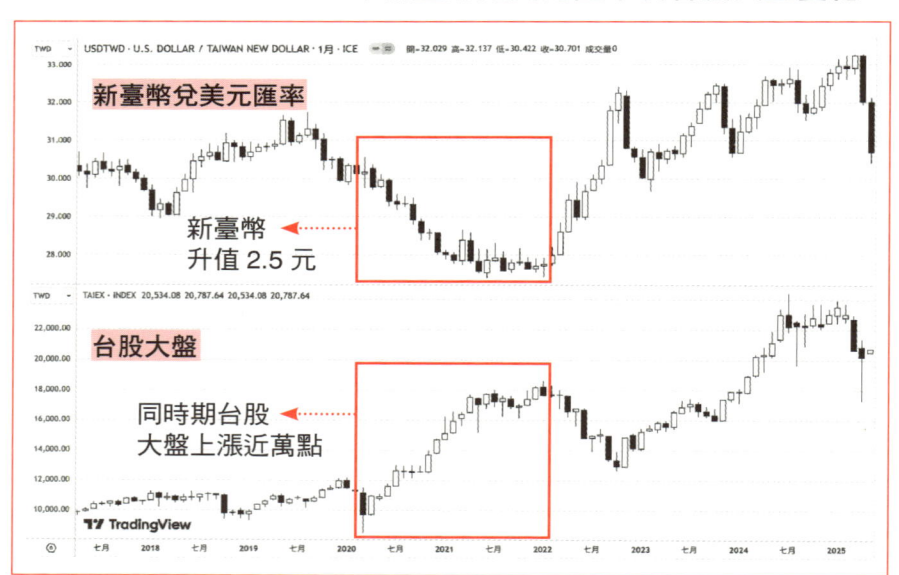

圖表 1-2　2017～2024 年新臺幣兌美元匯率及台股大盤變化

從 2020 年 3 月至 2022 年 1 月，新臺幣兌美元匯率從 1：30.2 升值至 1：27.54，同時期台股大盤上漲近萬點。

（資料來源：TradingView）

出口貿易是否增加，代表景氣指標

每個月 10 日左右，財政部會公布前一個月的出口值，這是一個很好的景氣指標，出口值持續向上，代表景氣持續看好。

從圖表 1-3 可以看出，臺灣 2025 年 3 月出口 495.66 億美元，創出口史上最高，年增 18.59%，連 17 紅。

臺灣出口值連莊上揚，代表臺灣景氣好，因此台股大盤指數不斷創新高，這一年半以來，從 12,629 點漲到 24,416 點，漲幅達 2 倍之多。若出口值可以繼續連紅，股市持續向上可能性很高。反之，出口下降，代表景氣衰退，股市也會跌。

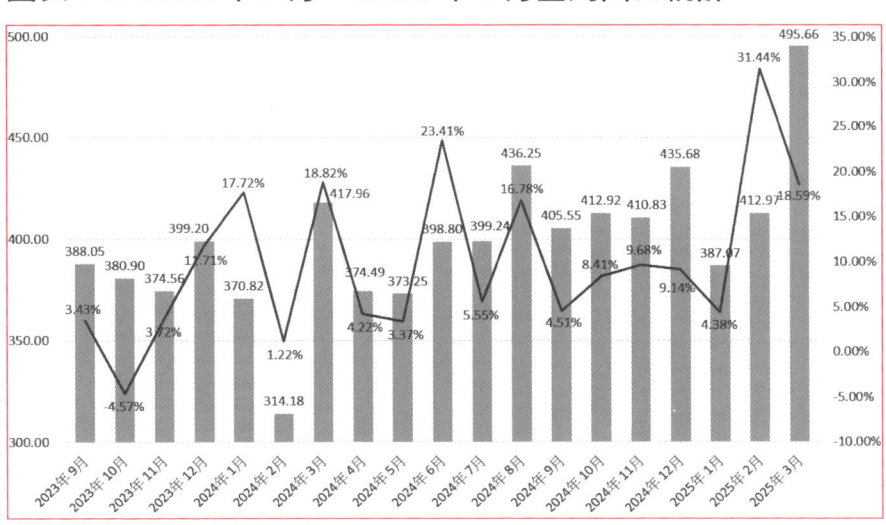

圖表 1-3　2023 年 9 月～2025 年 3 月臺灣出口統計

月份	出口值（億美元）	年增率
2023年9月	388.05	3.43%
2023年10月	380.90	-4.57%
2023年11月	374.56	3.72%
2023年12月	399.20	17.71%
2024年1月	370.82	17.72%
2024年2月	314.18	1.22%
2024年3月	417.96	18.82%
2024年4月	374.49	4.22%
2024年5月	373.25	3.37%
2024年6月	398.80	23.41%
2024年7月	399.24	5.55%
2024年8月	436.25	16.78%
2024年9月	405.55	4.51%
2024年10月	412.92	8.41%
2024年11月	410.83	9.68%
2024年12月	435.68	9.14%
2025年1月	387.07	4.38%
2025年2月	412.97	31.44%
2025年3月	495.66	18.59%

（資料來源：財政部）

破框投資，照著做就能富

臺灣景氣信號指標

另一個則是臺灣景氣信號指標，這是由國家發展委員會（簡稱國發會）每月發布的綜合指標，用來判斷臺灣整體經濟景氣的循環狀況，透過藍、黃藍、綠、黃紅、紅 5 種顏色的燈號，反映當前經濟的熱絡程度，藍燈為景氣低迷、黃藍燈為景氣轉弱、綠燈景氣穩定、黃紅燈為景氣趨熱、紅燈就是景氣過熱。像是從 2024 年 4 月到 2025 年 2 月，都維持在黃紅燈與紅燈之間，便代表景氣熱絡。

當景氣燈號為藍燈時買進，因為股市位在低點；紅燈時代表景氣非常好，股市創新高可以賣出股票。因為景氣是 3～5 年一個循環，跟著景氣燈號投資也是一個很好的策略。

金價突然大漲≒經濟恐慌

黃金與股市之間是「負相關」的關係，在經濟不穩或市場恐慌的情況下（例如金融危機、地緣政治風險、疫情爆發初期），股市通常下跌，資金便會流向被視為避險資產的黃金，使得黃金價格上漲。像是 2008 年金融海嘯時，股市大跌、黃金上漲；2020 年初疫情爆發時，股市大跌，黃金一度上漲至歷史新高。2025 年 4 月美國關稅風暴，股市 2 天跌 4,000 點，恐慌情緒讓金價再度創新高，來到 3,300 美元。

但黃金與股市也有可能出現「同漲」的情況，當全球央行實

圖表 1-4　2024 年 4 月～ 2025 年 2 月臺灣景氣信號

時間	燈號	分數
2024 年 4 月	黃紅燈	35
2024 年 5 月	黃紅燈	36
2024 年 6 月	紅燈	38
2024 年 7 月	黃紅燈	35
2024 年 8 月	紅燈	39
2024 年 9 月	黃紅燈	34
2024 年 10 月	黃紅燈	32
2024 年 11 月	黃紅燈	34
2024 年 12 月	紅燈	38
2025 年 1 月	黃紅燈	35
2025 年 2 月	黃紅燈	37

註：景氣分數為：藍燈 9 ～ 16 分，黃藍燈 17 ～ 22 分，綠燈 23 ～ 31 分，黃紅燈 32 ～ 37 分，紅燈 38 ～ 45 分。

（資料來源：國發會）

施大規模寬鬆貨幣政策（例如降息、印鈔）時，資金流動性氾濫，便可能同時流入股市與黃金市場中，這時兩者就會一起漲。較明顯的例子是 2020 年中後期時，美國實施無限量化寬鬆，股市反彈、黃金也創新高，這時投資人買黃金就不一定為了避險，而是在對抗通膨、追求報酬。總結黃金與股市的連動性如下：

・股市下跌，造成市場恐慌、避險情緒高漲時，黃金走勢便會上漲。

破框投資，照著做就能富

臺灣出口值查詢

查詢臺灣出口值，可至財政部網站（https://www.mof.gov.tw/htmlList/103），點選「財政貿易統計」下的「進出口統計」、「貿易統計查詢」，在新網頁中點選要查找的項目，即會在新網頁中顯示結果，或可選擇輸出成 Excel 檔案。

（接下頁）

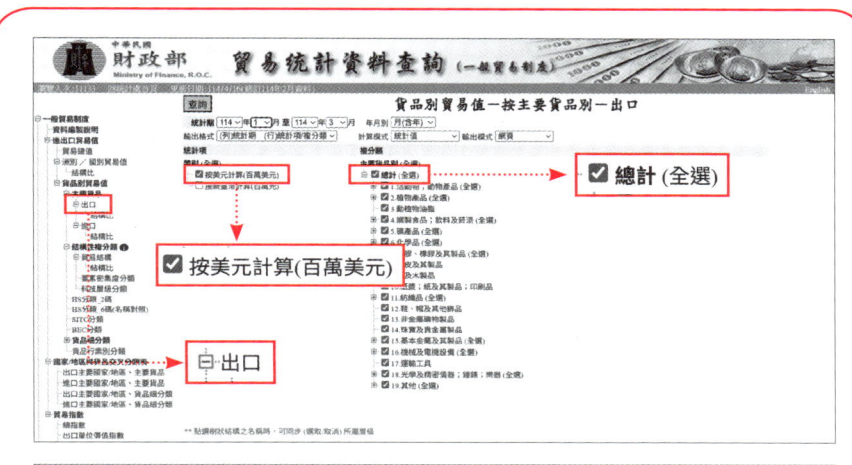

PART 1　我從慘賠中學到的投資心法

		114年 (1~3月)	114年 1月	114年 2月	114年 3月
按美元計算(百萬美元)	總計	129,570.030	38,707.122	41,296.519	49,566.389
	1.活動物；動物產品	352.145	113.602	122.897	115.646
	2.植物產品	158.160	45.509	47.526	65.125
	3.動植物油脂	25.186	5.925	7.837	11.424
	4.調製食品；飲料及菸酒	524.609	160.201	154.432	209.976
	5.礦產品	3,796.719	798.287	1,501.512	1,496.920
	6.化學品	4,433.084	1,293.415	1,372.919	1,766.750
	7.塑膠、橡膠及其製品	4,510.968	1,424.267	1,441.986	1,644.715
	8.毛皮及其製品	95.772	29.473	29.770	36.529
	9.木及木製品	32.174	11.368	9.261	11.545
	10.紙漿；紙及其製品；印刷品	408.692	127.214	135.731	145.747
	11.紡織品	1,577.903	511.274	472.653	593.976
	12.鞋、帽及其他飾品	73.040	23.360	21.473	28.207
	13.非金屬礦物製品	504.233	146.662	167.058	190.513
	14.珠寶及貴金屬製品	572.076	137.040	205.239	229.797
	15.基本金屬及其製品	6,818.270	2,087.303	2,193.774	2,537.193
	16.機械及電機設備	98,646.002	29,513.653	31,297.668	37,834.681
	17.運輸工具	2,617.566	842.004	792.041	983.521
	18.光學及精密儀器；鐘錶；樂器	2,977.180	944.179	897.278	1,135.723
	19.其他	1,446.251	492.386	425.464	528.401

51

圖表 1-5　黃金價格走勢圖

2020 年初新冠疫情爆發，股市大跌，黃金一度上漲至歷史新高 2,075.28 美元。

（圖片來源：TradingView）

・在貨幣寬鬆政策、資金流動性充裕時，股市與金市會同步上漲。

・利率上升、美元強勢時，股市與金市會同步下跌。

・當預期通膨會升高，股市走勢不一定會漲或跌，但黃金走勢優於股市的可能性高。

美國 CPI：衡量通膨重要指標

通常全世界的通膨主要看美國，每個月 10 日至 14 日之間，

美國勞工部勞動統計局會公布前月 CPI 通膨數據。CPI 指數與股市有高度關聯性：通膨上升時股市下跌；通膨狀況溫和時，則正向有利於股市。

當發生惡性通膨，或通膨超過預期時，市場會擔心，央行可能為了壓制通膨而升息，導致資金成本上升，同時消費大眾的購買力也會減弱，消費疲軟，企業獲利出現壓力，股價便會下跌。

此外，投資人也會轉向債券或避險資產（如黃金），減少股市配置。比如 2022 年時，美國 CPI 年增率衝破 9%，讓物價指數不斷上揚。當時聯準會急速升息，讓通膨指數降溫，導致美股出現顯著修正向下。而台股跟著美股走，在 2022 年初大盤創新高 18,169 點後，也開始急速往下走進入熊市，跌至 12,788 點的低點，跌幅 3 成。

如果通膨在合理範圍內，例如年增率 2%～ 3% 左右，其實對股市是正面的，因為通膨上升可能代表經濟擴張、需求增加，企業能轉嫁成本、提高價格與利潤，另一方面，政府可能持續寬鬆貨幣政策，市場資金活絡。實際例子是美國在 2021 年 4 月 CPI 年增率突破 4% 之後，直到 2024 年 7 月才降回 3% 以下，美股、台股都創下新高，台股於 2024 年 7 月 18 日來到 24,416 點，再創歷史新高。

市場往往不是對「實際 CPI 數字」有感覺，而是對「是否高於預期」反應最激烈，當 CPI 高於預期時，股市通常下跌，因為升息風險升高；而 CPI 低於預期時，升息壓力減輕，股市可能會

圖表 1-6　2022 年 7 月～ 2025 年 3 月
　　　　　美國居民消費者物價指數（CPI）

日期	公布值	預測	日期	公布值	預測
2022 年 6 月	9.1%	8.8%	2023 年 11 月	3.1%	3.1%
2022 年 7 月	8.5%	8.7%	2023 年 12 月	3.4%	3.2%
2022 年 8 月	8.3%	8.1%	2024 年 1 月	3.1%	2.9%
2022 年 9 月	8.2%	8.1%	2024 年 2 月	3.2%	3.1%
2022 年 10 月	7.7%	8.0%	2024 年 3 月	3.5%	3.4%
2022 年 11 月	7.1%	7.3%	2024 年 4 月	3.4%	3.4%
2022 年 12 月	6.5%	6.5%	2024 年 5 月	3.3%	3.4%
2023 年 1 月	6.4%	6.2%	2024 年 6 月	3.0%	3.1%
2023 年 2 月	6.0%	6.0%	2024 年 7 月	2.9%	3.0%
2023 年 3 月	5.0%	5.2%	2024 年 8 月	2.5%	2.5%
2023 年 4 月	4.9%	5.0%	2024 年 9 月	2.4%	2.3%
2023 年 5 月	4.0%	4.1%	2024 年 10 月	2.6%	2.6%
2023 年 6 月	3.0%	3.1%	2024 年 11 月	2.7%	2.7%
2023 年 7 月	3.2%	3.3%	2024 年 12 月	2.9%	2.9%
2023 年 8 月	3.7%	3.6%	2025 年 1 月	3.0%	2.9%
2023 年 9 月	3.7%	3.6%	2025 年 2 月	2.8%	2.9%
2023 年 10 月	3.2%	3.3%	2025 年 3 月	2.4%	2.5%

（資料來源：Investing.com）

上漲。

降息與美國公債殖利率

前面提到，現在通膨受到控制，從 9.1％降到 2.5％。2024 年 9 月開始第一次降息 2 碼，預計未來 3 年緩慢降息 10 碼空間。

美國經濟數據目前看起來依然向上，若降息，再加上經濟並沒有衰退，股市將正向發展。目前美國是高利息時代 4.5％（2008 年 3 月至 2022 年 8 月利率皆在 0.25％～ 2.5％之間），若通膨能控制住，為了讓企業擴張，將會持續往下降到過去平均值 2.5％至 3％左右。

如果持續降息，美國 10 年公債殖利率也將會下降，將有助於整個股市的繁榮，因為放在銀行裡面的錢利息變少了，大家就會想把錢領出來投資股市。

還記得，2024 年過年前後期間出現蛋荒，蛋價漲了 2 倍，住在臺北的朋友說已經 2 個月沒吃到蛋。政府擔心通膨率持續高漲無法控制，將會對民眾的生活造成困擾，央行也是透過升息，來壓抑惡性通膨的發生。

我們常看到新聞說的升降息幾碼、幾個基點，其含義為：

1 個基點等於 0.01％，1 碼則等於 0.25％

破框投資，照著做就能富

例如 2024 年 9 月降息 2 碼，就是降息 0.5%（50 個基點）。

降息對一個國家的衝擊：看看日本

日本過去 17 年降息至零利率，甚至負利率，這樣的零利率政策使得日圓不斷貶值，讓日本出口的產品及日本旅遊都變得很便宜，日本的經濟隨之越來越好，同時也出現「渡邊太太效應」。

這是由於，日本婦女掌握著家庭理財權力，而且在日本，丈夫的工資往往是直接匯入妻子的帳戶。在日圓零利率、甚至負利率的情況下，這些太太就借日圓投資美國商品，成為日本經濟獨特現象，而這些活躍於外匯市場上的日本主婦，便被稱為「渡邊

名詞解釋　／　升息與降息

升息

　　主要用來抑制通貨膨脹。當經濟發展加速或是從谷底復甦時，人們對於商品以及服務需求由於資金的寬裕而上升，這時候生產端供給可能因為無法追上而造成物價上漲，便會發生通貨膨脹。

降息

　　當經濟成長趨緩，或是市場處於衰退期時，央行會透過「降息」來活絡市場。透過降息可以鼓勵人們借款和投資，將有助於刺激消費和投資，並促進經濟活動的增長。央行降息有利出口，因為降低貨幣的價值，讓產品賣到其他國家時更便宜，從而提高國家的出口競爭力。

太太」（渡邊為日本四大姓氏之一）。

渡邊太太效應還拓展出，各國金融機構都跟日本銀行借錢，投資其他國家的債券、股市或房地產，從中賺取利差，而利率高低是決定此交易的關鍵因素，日本政府的零利率政策，就使得日圓成為外幣中最常被出借的貨幣。

2024年8月日本央行開始升息至0.25%，成為全球股災的黑天鵝。因為日本一升息，各國要還錢給日本時就必須加上利息，而為了避免付出更多的錢，各國投資者便開始大賣股票、基金，

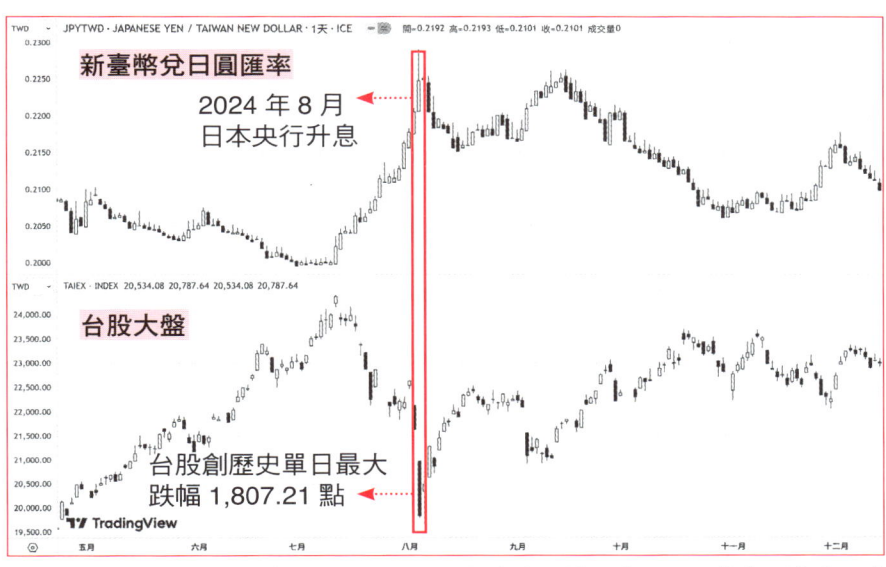

圖表 1-7 新臺幣兌日圓匯率與台股大盤走勢變化

2024年8月日本央行升息至0.25%，各國投資者開始大賣股票、基金，造成全球股市大跌，台股在8月5日下跌1,807.21點，創下歷史上單日最大跌幅。

（圖片來源：TradingView）

破框投資，照著做就能富

以求只要還給日本當初借的金額。

全球股市因此大跌，兩週便跌掉了 2 成，進入熊市，台股甚至在 2024 年 8 月 5 日創歷史單日最大跌幅 1,800 點，其中以外資賣超台股最多，日圓則是不斷升值，一週內從新臺幣 1 元兌換 162 日圓升值到 143 日圓。

債跌股市漲，債漲股市跌

美國 10 年期公債殖利率被市場視為一個重要的經濟指標，主要反映美國的景氣與通膨。債券和股票的表現通常會呈反比，債跌股市漲，債漲股市跌。雖然並非百分百都是這樣，但有極高比例的時間是如此。而美國公債一向被視為相對安全的投資，一旦市場景氣有所改變，美國公債殖利率的變化也會影響投資人在股票市場的決策。

當投資人預期股票市場會下跌時，在市場情緒恐慌之下，他們會尋找更安全的投資，例如美國公債。由於債券需求增加、價格上漲，債券的利率便降低了。反之，當市場景氣復甦，投資人預期股票市場會上漲時，會轉而尋找風險更高的投資，例如股票。債券需求減少、價格下跌、利率提高，債券變得更具成本效益。

在我撰稿時，美國 10 年期公債殖利率的變化處於後者，因為隨著美國政府持續抑止通膨的惡化，新冠疫情平息和經濟重新開放，雖然尚有俄烏戰爭的不確定因素，但是投資人對持續復甦仍然充滿信心。

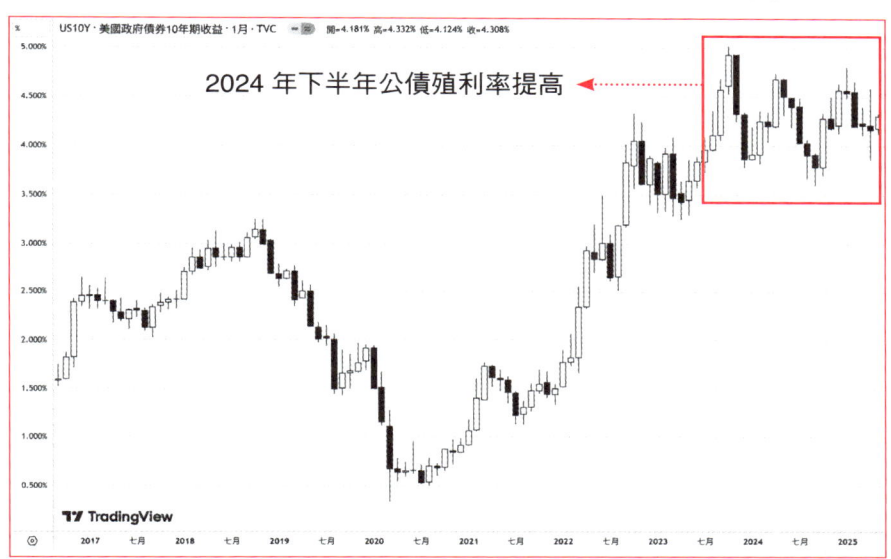

圖表 1-8 2017～2025 年美國 10 年公債殖利率走勢圖

2024 年下半年公債殖利率提高

2024 年下半年股市回復熱絡，債券需求下降，公債殖利率便提高。

（圖片來源：TradingView）

石油價格反映民生需求強與弱

還記得，2020 年新冠疫情時，因為需求減少，石油跌到歷史低點。投資經驗十多年的我，一直把石油當作經濟觀察指標之一，自以為很了解石油，看到石油大跌，覺得是不可錯失的好機會，於是買了美國市場的石油 ETF。我從國際原油價格 40 美元開始買、越跌越買，以為會大賺一筆，不知不覺就投入了 720 萬元。

當時心想，石油的成本應該在 35 美元左右，沒想到我把手上

破框投資，照著做就能富

子彈全部用完後，油價還繼續直線下跌至 20 美元，竟然跌破成本價。油價超乎常理不斷的跌，到 2020 年 4 月 21 日時，美國西德州中間基原油（West Texas Intermediate，簡稱西德州原油或 WTI 原油）期貨 5 月合約價，收在每桶 -37.63 美元，投資的錢全部轉成空。

原以為會賺大錢，結果是在短短幾個月把 720 萬元賠光。

油價怎會跌到 -37.63 美元？原因竟然是找不到交割地區，也就是儲油槽。因為多數地區產油過剩，大家都在不斷找地方儲油，連貿易商也轉到海上囤油。陸地的儲油滿載率持續攀升，加上期貨接近結算時，尚未找到合適交割地區的多單，為了避免違約交割風險，不得不盡快砍倉。

這次的油價崩跌，讓我學習到，當黑天鵝來時，過去的底層邏輯與數據都會被打破。賠錢固然很心痛，但一定要找出錯誤的原因在哪裡，才能想出方法補救。

被燙過後，耐燙的指數就提高。投資賠的錢越多，不斷糾正檢討，賠過百萬的底氣，方能賺到千萬；賠過千萬，才能有賺到億的潛力。

我當時判斷，石油不可能一直賠錢賣，新冠疫情終究會過去，油價一定會再回到成本以上。於是當國際原油價格回到 12 美元時，我把已經還完房貸的房子再貸出 250 萬元，投入石油，那時還特別調查過，原油成本應該在 35 美元左右。最後僅 2 個月的時間，國際原油價格翻了 3 倍，來到 40 美元，我虧掉的錢就回

來了。

圖表 1-9 可以看到俄烏戰爭時，西德州原油期貨漲到 125 美元。當有戰爭發生時，石油就會大漲。當經濟衰退，供給需求小時，石油則開始下跌。而 2025 年 5 月 9 日的石油價格為 60 美元，屬於經濟平穩階段，若經濟衰退、石油大跌，股市也會向下，所以觀察石油價格，也是代表經濟衰退或繁榮的指標之一。

圖表 1-9　石油價格走勢圖

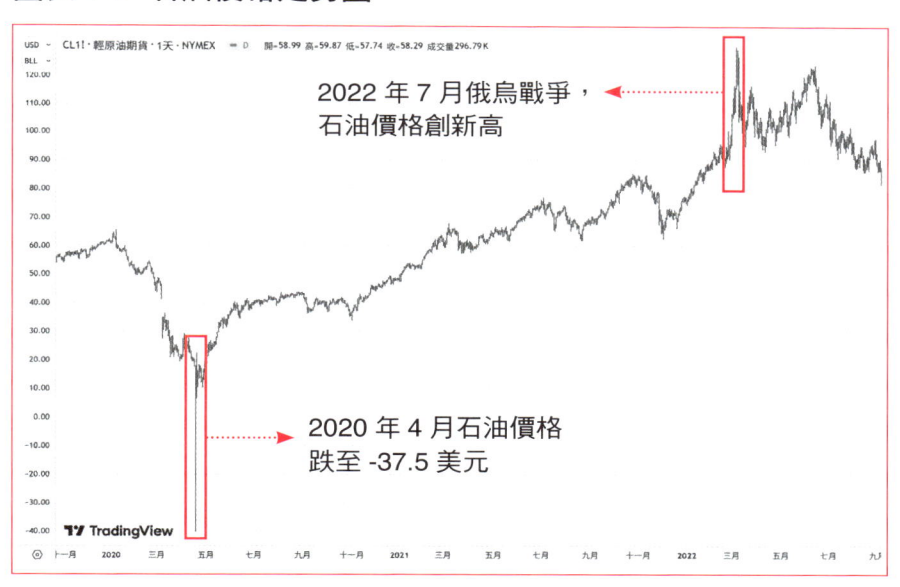

石油價格反映經濟趨勢，經濟衰退、供給需求小則油價下跌，反之，當有戰爭發生，油價便會大漲。

（資料來源：TradingView）

破框投資，照著做就能富

失業率：一個國家經濟好壞的象徵

失業率是經濟上很直接的反應，正常情況下，失業率與股市是負相關，失業率上升代表經濟惡化、消費力下降、企業獲利預期下滑，導致股價受壓而下跌；失業率下降時，表示就業市場強勁、經濟穩定，企業營收有望成長，對股市自然是利多。

但市場也常出現「反直覺」的反應，當失業率上升時，市場可能預期央行會降息或停止升息，導致資金寬鬆，這時股市反而

圖表 1-10　2019～2025 年美國失業率及標普 500 指數變化

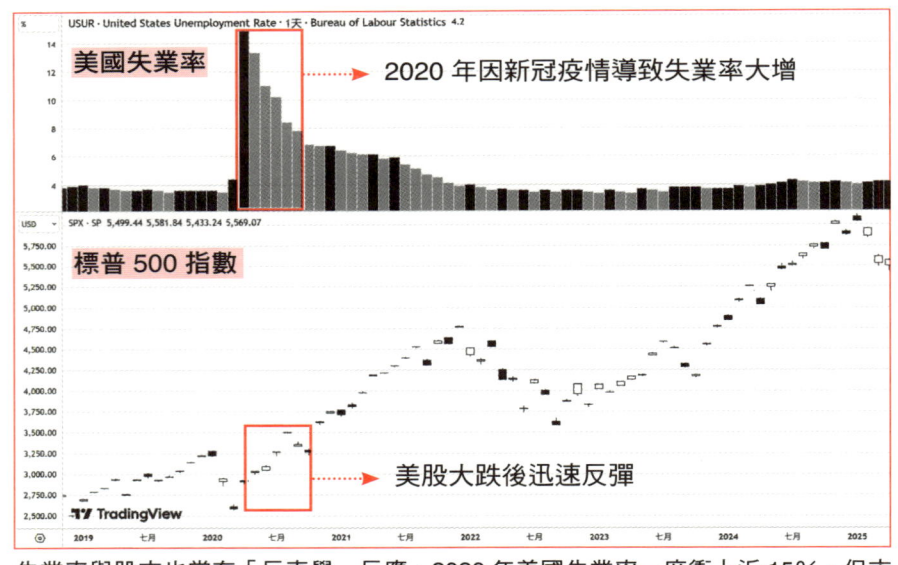

失業率與股市也常有「反直覺」反應，2020 年美國失業率一度衝上近 15%，但市場預期樂觀，導致失業率仍在高檔，股市已出現反彈。

（資料來源：TradingView）

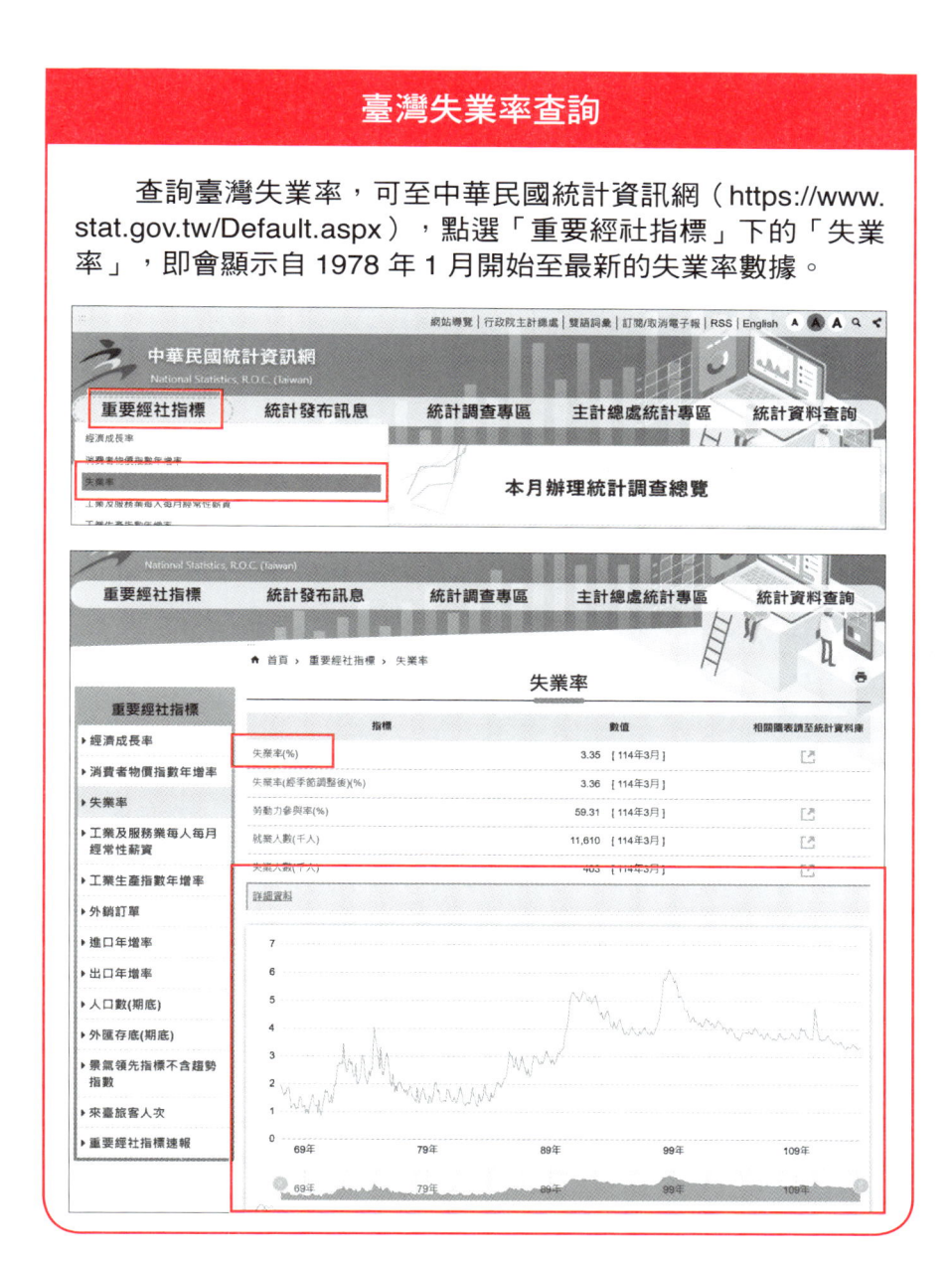

PART 1　我從慘賠中學到的投資心法

臺灣失業率查詢

　　查詢臺灣失業率，可至中華民國統計資訊網（https://www.stat.gov.tw/Default.aspx），點選「重要經社指標」下的「失業率」，即會顯示自 1978 年 1 月開始至最新的失業率數據。

63

破框投資，照著做就能富

上漲。例如 2022～2023 年美國失業數據一旦偏弱，市場就預期聯準會可能停止升息，股市便反向上揚。

此外，就業市場過熱也可能嚇到市場，因為會擔心通膨壓力升高，一旦央行進一步升息抑制通膨，對股市就變成利空了。2020 年新冠疫情時期，美國 3～4 月失業率暴衝到近 15%，但美股在 3 月大跌後很快就反彈，便是因為市場預期聯準會將釋出大量資金、政府紓困到位，導致失業率還在高檔，股市卻已創新高。

所以，指標不能單一觀察，要配合其他指標一起看，才會更精準。

美元指數高低對投資有重大影響

所謂美元指數，即是衡量美元對一籃子主要外幣（如歐元、日圓、英鎊等）的強弱程度，初始值為 100，當美元指數上升，代表美元走強，反之則是美元走弱。舉例來說，當美元指數為 110，代表美元相對於那一籃子貨幣上漲 10%；當美元指數為 90 時，則代表美元相對於一籃子貨幣貶值 10%。

美元指數與股市之間是負相關，當美元走強，股市壓力增加，便可能下跌。因為，美元走強會抑制美國企業出口的競爭力，海外營收轉回美元後縮水，影響獲利，將對股價不利。因此川普當選後讓美元貶值，美元指數從 2025 年 1 月的 109.65，跌到 5 月 9 日 100.4，讓美國的產品出口更具競爭力。

PART 1　我從慘賠中學到的投資心法

另一方面，當美元指數上升，代表市場避險意識上升，有危機產生，各國會買美金避險，導致美金價格上升，股市可能下跌，比如 2023 年 10 月 7 日，巴勒斯坦武裝組織哈瑪斯（Hamas）對以色列發動突襲、綁架攻擊，美元指數便漲到 112，石油也漲到 146 美元。

反之，若美元指數下跌，代表全球總經比較不緊張，美金便宜，錢流向世界各國，股市比較會上漲。

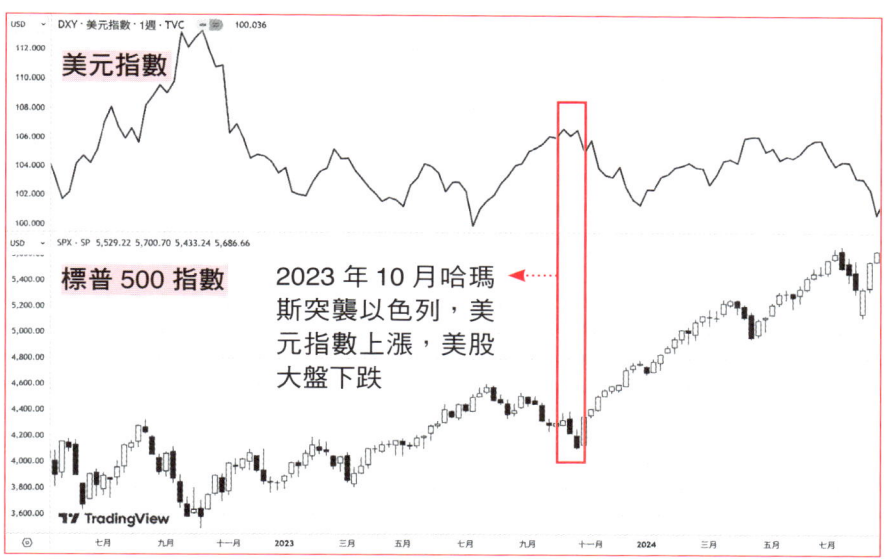

圖表 1-11　美元指數走勢圖

美元指數可顯示市場避險意識，當有戰爭危機，各國會買美元避險，使美元指數上升，股市相對下跌。

（圖片來源：TradingView）

破框投資，照著做就能富

GDP：反映一國經濟景氣指標

　　GDP（國內生產毛額）與股市之間，是一種「長期正相關、短期可能脫鉤」的現象。雖然兩者都反映經濟狀況，但反應的方式和節奏不太一樣。

　　GDP 與股市的基本邏輯是：GDP 成長，則股市長期上漲，因為 GDP 代表總體經濟表現，經濟擴張意味著企業營收和獲利有成長空間，股價自然有支撐。像是美國自 1990 年以來 GDP 穩定成長，標準普爾 500 指數（Standard & Poor's 500，代號 SPX，簡稱標普 500 指數）即長期呈上升趨勢。

　　至於短期可能脫鉤的原因，在於股市是「前瞻性指標」，通常領先 GDP 約 6 個月至 1 年時間。也就是說，股市在 GDP 衰退時可能已經反彈，反過來也會在 GDP 還處於成長時即開始修正。此外，股市其實受市場預期的影響更大，就算 GDP 數據亮眼，如果市場覺得「未來會變差」，股市仍可能下跌，反之亦然。明顯例子是 2020 年初因為疫情封城，而使 GDP 大跌，但股市在 3 月就開始反彈，因為市場已預期未來會復甦。

　　根據主計處中華民國統計資訊網和韓國銀行的當時統計，臺灣的人均 GDP 於 2022 年為 32,756 美元（約新臺幣 97.5 萬元），高於韓國的 32,410 美元（約新臺幣 96 萬元）。2024 年，臺灣 GDP 在全球排名 14，不僅超車日、韓，也超越其他亞洲地區，如排名 15 的香港、排名 30 的南韓、排名 36 的日本，以及排名 78

的中國。

　　根據國際貨幣基金組織（International Monetary Fund，簡稱 IMF）的報告，全球實質 GDP 成長率預計為 3.2％，與 2024 年持平，其中臺灣的全年 GDP 成長預測從 3.14％上調至 3.6％，人均 GDP 為 35,106 美元，主要動能來自於半導體和 AI 相關產品出口。在全球主要經濟體中，臺灣的預估成長率位居前列，相比之下，美、英、德等先進經濟體預估較低，顯示出臺灣在全球經濟中的優勢，將使台股表現相對亮麗。

圖表 1-12　2025 年主要經濟體實質 GDP 成長率預估

國家	預估成長率	國家	預估成長率
印度	6.3%	美國	1.8%
中國	4.8%	英國	1.2%
臺灣	3.6%	日本	0.9%
韓國	2.2%	德國	-0.1%

（資料來源：主計處、穆迪公司〔Moody's〕、摩根大通、國際貨幣基金組織）

破框投資，照著做就能富

> **破框投資練習　／　總經的無常與心魔**

2024年8月，日圓突然升息0.25%，引發全世界股災，台股、美股一天跌掉千點，兩週跌掉2成。總經的無常，誰也無法預料，還會讓投資人產生心魔，隨著股市起起伏伏，盲從失去理性判斷，慌張的想要趕快出脫手中持股。

這時我們該做的，是把過去升息會發生的事情找出來，一一對照確認：

1. 通膨觀察CPI是否控制住？有，美國CPI指數2.6%，通膨控制往下降。

2. 臺灣出口是否成長？有，2024年10月出口413億美元，年增8.4%，連續出口值12紅。資通與視聽產品、AI概念股產業，1～10月出口成長翻倍。

3. 聯準會2024年9月18日降息2碼。美國經濟數據表現依舊強勁，降息對股市有幫助。銀行利息低，鼓勵投資者拿錢出來投資股市。降息也會讓企業更願意拿錢投資支出，營收獲利更加成長。

看到這3點重要總經數據，猶如吃了定心丸，就可以知道，千萬不要逢低賣出。果然2週後股市回來，美股更是不斷的突破創歷史新高，來到44,000點。

巴菲特說過：「投資風險來自於你不知道自己在做些什麼。」好股票不會只有漲一次，不要抱著一定要買低賣高的心態。可以從技術線型上判斷，或設定獲利停利點，到了就賣出，讓被動收入可以成為穩定的現金流。

德國股神安德烈·科斯托蘭尼（André Kostolany）則說：「撐過景氣循環，經驗告訴我股市中有90%是膽小鬼，最多只有10%是堅定者。」了解總經，懂得景氣循環交替，你將成為那10%的堅定者。

現在請列出最近股市遇到的問題，用前面教導的總經方法分析，試著解決自己心中的問題。

03 臺、美市場一起看，找出產業連動

臺灣出口金額不斷創新高，到 2024 年 11 月為止，出口值已連續 13 個月成長，出口到美國的金額比重也創新高，從過去的 21％上升到 24.2％。

這代表美股與台股的連動將越來越大。台股有 7～8 成的資金在科技股，與美國道瓊工業平均指數（Dow Jones Industrial Average）、那斯達克綜合指數（NASDAQ Composite Index），及費城半導體指數（PHLX Semiconductor Sector Index）的關聯性很高。

看好 AI 概念股出口翻倍的成長性，可以把美國及臺灣股市裡的上、中、下游產業連起來一起看，互相比對財報數據，觀察之間的連動，選股會更精確，對投資更有信心。

了解美國四大指數，從美股觀察台股

道瓊工業平均指數（代號 DJI）

創立於 1884 年，是四大指數中歷史最悠久的股票指數，我

破框投資，照著做就能富

圖表 1-13 美股四大指數

指數名稱	成分股數	特點
道瓊工業平均指數	30 檔	美國歷史最悠久且知名的股市指數
費城半導體指數	30 檔	全球半導體景氣的重要觀察指標
那斯達克綜合指數	約 3000 檔	最能掌握高科技方面動向的股價指數
標普 500 指數	約 500 檔	最能掌握市場經濟動向的股價指數

們經常在新聞中聽到美股大漲或大跌，通常指的就是道瓊指數。其成分股是從美國最具影響力的公司中選出 30 家，涵蓋科技、金融、消費、醫療等多個產業，每隔幾年審查和替換，一般都會基於是否持續增長等觀點來決定。

要特別留意的是，道瓊指數是以「股價加權」的方式計算，為每個組成公司的一股股票價格總和後的平均值。因此股價越高的公司對指數影響越大，高價股比低價股在指數中更有影響力。

由於成分股以資訊科技、金融、消費必需品和醫療保健等占比較高，包括健康照護與金融各占 20%、科技業占 17%，這種多元化有助於分散風險，但也使指數對特定行業的波動較為敏感。

那斯達克綜合指數（代號 IXIC）

那斯達克綜合指數的成分股約有 3,000 家，其中約有 40%～50% 為科技股，包含許多常聽到的科技品牌及網路公司，像是蘋

PART 1　我從慘賠中學到的投資心法

圖表 1-14　道瓊工業平均指數（DJI）前 10 大成分股

公司名稱	美股代號	所屬產業
蘋果（Apple）	AAPL	資訊科技
微軟（Microsoft）	MSFT	資訊科技
輝達（Nvidia）	NVDA	資訊科技
亞馬遜（Amazon）	AMZN	消費者服務
沃爾瑪（Walmart）	WMT	消費者服務
摩根大通（JPMorgan）	JPM	金融
VISA	V	金融
寶鹼（The Procter & Gamble Company）	PG	消費性必需品
嬌生公司（Johnson & Johnson）	JNJ	醫療保健
聯合健康集團（UnitedHealth Group）	UNH	醫療保健

果（Apple，美股代號 AAPL）、Meta（臉書〔Facebook〕母公司，美股代號 META）、微軟（Microsoft，美股代號 MSFT）、字母控股（Alphabet，谷歌〔Google〕母公司，美股代號 GOOGL）、思科系統（Cisco，美股代號 CSCO）、Adobe（美股代號 ADBE）、網飛（Netflix，美股代號 NFLX）等。由於科技股的占比很高，那斯達克綜合指數也是美國最重要的「科技股」代表指數，與臺灣的科技股連動性高。

破框投資,照著做就能富

圖表 1-15 那斯達克綜合指數(IXIC)前 10 大成分股

公司名稱	美股代號	所屬產業
微軟(Microsoft)	MSFT	資訊科技
蘋果(Apple)	AAPL	資訊科技
輝達(Nvidia)	NVDA	資訊科技
亞馬遜(Amazon)	AMZN	消費者服務
字母控股(Alphabet)C 股	GOOG	資訊科技
字母控股(Alphabet)A 股	GOOGL	資訊科技
Meta	META	資訊科技
博通(Broadcom)	AVGO	資訊科技
特斯拉(Tesla)	TSLA	汽車工業
網飛(Netflix)	NFLX	串流媒體

(資料來源:TradingView)

費城半導體指數(代號 SOX)

　　簡稱費半指數,以半導體產業為主,是全球半導體週期的重要觀察指標,主要追蹤在美國上市的 30 家半導體公司的表現,包括輝達(Nvidia,美股代號 NVDA)、超微(AMD,美股代號 AMD)、博通(Broadcom,美股代號 AVGO)、台積電(2330,美股代號 TSM)、英飛凌(Infineon,美股代號 IFX)、英特爾(Intel,美股代號 INTC)、美光(Micron,美股代號 MU)、意法半導體(STMicroelectronics,美股代號 STM)、德州儀器(Texas Instruments,美股代號 TXN)等。由於成分股涵蓋半導體設計、

製造、測試組裝和銷售等，全產業鏈中的大型企業，被視為全球半導體行業景氣程度的主要指標。

在美國四大指數中，費半指數與台股最高度正相關，從下頁圖 1-16 來看，5 年指數追蹤漲跌幅可得知，幾乎百分之百一致，可見台股基本上會跟著美股走，投資臺灣市場可以根據美股熱門題材，抓出未來性方向，布局上、中、下游，獲利機率更高。

標準普爾 500 指數（代號 SPX）

標普 500 指數是美國最具代表性的股市指數之一，包含美國市值最大的 500 家上市公司，涵蓋 11 大產業，前述三大指數成分股中的蘋果（AAPL）、微軟（MSFT）、亞馬遜（Amazon，美股代號 AMZN）等，也都含在標普 500 指數之中。

標普 500 指數是衡量美國股市整體表現的重要指標，許多投資人與基金會以它為績效比較的基準，也是許多 ETF 追蹤的標的。如果把美國股市比喻成聯考，標普 500 指數就像是全班成績的平均，能看出這 500 家大型公司的整體表現，間接反映了美國經濟的健康程度。

從出口值找出哪個產業出口持續增加

財政部每個月公布出口貿易值時，會同步公布每個產業的出口值，及在總出口值的比重，例如 2025 年 1～3 月的「資通與視

破框投資，照著做就能富

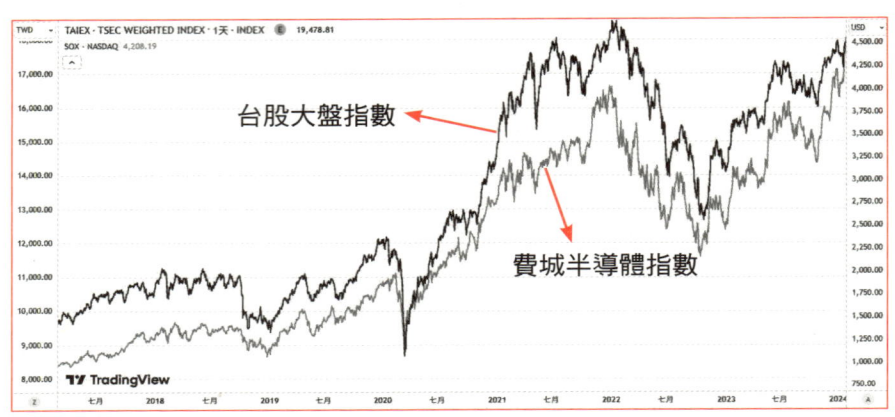

圖表 1-16 台股大盤指數與費城半導體指數

台股與費半指數呈現高度相關，費半指數漲、台股就漲；費半指數跌、台股就跌。數據觀察高度相關大約 85%。（資料來源：TradingView）

圖表 1-17 費城半導體指數（SOX）前 10 大成分股

公司名稱	美股代號
輝達（Nvidia）	NVDA
博通（Broadcom）	AVGO
台積電	TSM
艾司摩爾（ASML）	ASML
超微半導體（AMD）	AMD
高通（Qualcomm）	QCOM
德州儀器（Texas Instruments）	TXN
安謀控股（ARM Holdings）	ARM
應用材料（Applied Materials）	AMAT
亞德諾半導體（Analog Devices）	ADI

（資料來源：TradingView）

PART 1　我從慘賠中學到的投資心法

圖表 1-18　標準普爾 500 指數（SPX）前 10 大成分股

公司名稱	美股代號	所屬產業
微軟（Microsoft）	MSFT	資訊科技
蘋果（Apple）	AAPL	資訊科技
輝達（Nvidia）	NVDA	資訊科技
亞馬遜（Amazon）	AMZN	消費者服務
字母控股（Alphabet）C 股	GOOG	資訊科技
字母控股（Alphabet）A 股	GOOGL	資訊科技
Meta	META	資訊科技
波克夏（Berkshire Hathaway）B 股	BRK.B	綜合企業
博通（Broadcom）	AVGO	資訊科技
特斯拉（Tesla）	TSLA	汽車工業

（資料來源：TradingView）

聽產品」出口值是 435.13 億美元，占總出口值 33.58％；「電子零組件」的出口值是 459.54 億美元，占總出口值 35.47％強。（見下頁圖表 1-19）

　　另外還可查詢到各產業出口的年增率，可發現在整個機械及電機設備產業中，只有「資通與視聽產品」從 2021～2024 年一直維持正成長，2024 年增加近 59％，創下歷年全年最高紀錄，是 2023 年 28.88％的兩倍之多；2025 年累計至 3 月止，增長率也達到 42.33％。

破框投資，照著做就能富

圖表 1-19　2025 年 1～3 月臺灣主要貨品別出口值及占比

主要貨品別	2025 年 1～3 月 出口值	占比	2025 年 3 月 出口值	占比
1. 活動物；動物產品	352.145	0.27%	115.646	0.23%
2. 植物產品	158.160	0.12%	65.125	0.13%
3. 動植物油脂	25.186	0.02%	11.424	0.02%
4. 調製食品；飲料及菸酒	524.609	0.40%	209.976	0.42%
5. 礦產品	3,796.719	2.93%	1,496.920	3.02%
6. 化學品	4,433.084	3.42%	1,766.750	3.56%
7. 塑膠、橡膠及其製品	4,510.968	3.48%	1,644.715	3.32%
8. 毛皮及其製品	95.772	0.07%	36.529	0.07%
9. 木及木製品	32.174	0.02%	11.545	0.02%
10. 紙漿；紙及其製品；印刷品	408.692	0.32%	145.747	0.29%
11. 紡織品	1,577.903	1.22%	593.976	1.20%
12. 鞋、帽及其他飾品	73.040	0.06%	28.207	0.06%
13. 非金屬礦物製品	504.233	0.39%	190.513	0.38%
14. 珠寶及貴金屬製品	572.076	0.44%	229.797	0.46%
15. 基本金屬及其製品	6,818.270	5.26%	2,537.193	5.12%
16. 機械及電機設備	98,646.002	76.13%	37,834.681	76.33%
(1) 電子零組件	45,954.443	35.47%	17,526.521	35.36%
(2) 機械	5,622.724	4.34%	2,034.117	4.10%
(3) 電機產品	3,448.071	2.66%	1,288.453	2.60%
(4) 資通與視聽產品	43,512.613	33.58%	16,944.032	34.18%
(5) 家用電器	108.151	0.08%	41.558	0.08%
17. 運輸工具	2,617.566	2.02%	983.521	1.98%
18. 光學及精密儀器；鐘錶；樂器	2,977.180	2.30%	1,135.723	2.29%
19. 其他	1,446.251	1.12%	528.401	1.07%

註：出口值單元為百萬美元。　　　　　　　　　（資料來源：財政部）

資通與視聽產品中,包含桌上型電腦、筆電、零組件、交換器、路由器、儲存裝置、手機、平面顯示模組等,也就是 AI 概念股,臺灣占有重要生產製造地位,預計未來 AI 概念股還會再旺 3～5 年,可以繼續觀察布局。

上、中、下游產業連結,挑選龍頭股

在臺灣出口總額中,找出資通與視聽產業成長翻倍後,再對照美股 AI 龍頭股輝達(NVDA)營收創歷史新高,可以推估,臺灣 AI 概念股上、中、下游產業,有繼續成長的空間;此外,從輝達(NVDA)財報就可以知道,台積電(2330)獲利也會隨之越來越好。

美股跟台股連動的好處是,兩個市場的 AI 產業龍頭股可以一起買,相互對照。比如美股買輝達(NVDA),台股可以選的就有大家耳熟能詳的台積電(2330)、聯發科(2454)、鴻海(2317)、廣達(2382)、緯穎(6669)、緯創(3231)等,各家財報交叉比對,更準確。

04 用損益表選出高富帥

股神巴菲特曾說：「退潮的時候，你才知道誰在裸泳。這就是在講財報的重要性。」

1997 年我剛從外文系畢業，當時完全不懂財報，聽從理專的話買了日本基金。那時日本股市已經跌了 50%，理專說現在買正是時候，趁低點趕快買。

於是我將工作 1 年的存款 30 萬元，全部投進了日本基金。這 30 萬元是一年來省吃儉用，吃公司提供的午餐與晚餐、住公司宿舍，別人週末出去玩，我在補習班教美語，辛辛苦苦存下來的。殊不知，跌了 50% 的日本基金，只是跌在半山腰，我剛好去承接掉下來的刀，30 萬元只剩 13 萬元，賠了 57%。

而正如我在前面提過，曾經只因看新聞說，順大裕股票買一張會配一張，就在未先了解公司營運狀況下，拿學費去買股，結果踩到地雷股，投資歸零。然而，就算知道財報很重要，但到底要注意財報的哪些項目？可以從下列 5 項開始：

• 損益表中，公司連續 5 年獲利成長。

破框投資，照著做就能富

- 每股盈餘（Earnings Per Share，簡稱 EPS）：月營收比過去同期好。
- 殖利率：公司夠賺錢，才能發股利給股東。
- 股東權益報酬率（Return on Equity，簡稱 ROE）：巴菲特說 ROE ＞ 15％ 才是好公司。
- 毛利率：公司銷售利潤、毛利率越高，代表成長潛力越大。

《富爸爸，窮爸爸》（*Rich Dad, Poor Dad*）書中說：「當你擁有一個東西之後，錢會從別人的口袋一直進來一直進來，這個就叫資產。當你擁有一個東西之後，錢會從自己的口袋一直出去一直出去，這個就叫負債。」

因此，當我們買台積電（2330）的股票成為股東，就等於買他們員工的時間，為我們賺錢，這時台積電（2330）股票就是我們的資產。台積電（2330）賺錢、我們也賺錢，慢慢往財富自由靠近。

損益表 4 指標持續成長，這是好公司

選股票就跟選另一半一樣，會不會賺錢很重要，每股盈餘成長，且毛利率、營業利率、淨利率都增加，也就是「三率三升」，就是好選擇。

指標1：每股盈餘，評估企業賺錢能力

每股盈餘表示公司每一股股票，能為股東賺進多少錢，是衡量一家公司「賺錢能力」的指標，公式為：

> 公司稅後淨利 ÷ 流通在外的普通股數量

我舉個簡單例子。公司1年賺了1,000萬元（稅後淨利），同時公司有1,000萬股流通股，那麼每股盈餘就是1元：

> 1,000萬元 ÷ 1,000萬股 ＝ 每股賺1元

如果隔年淨利變2,000萬元，每股盈餘就會是2元（2,000萬元 ÷ 1,000萬股 ＝ 每股賺2元），表示公司「變得會賺錢了」。因此每股盈餘成長，顯示公司越來越賺錢。

指標2：毛利率，評估企業競爭力

毛利率的公式為：

> 毛利率＝營業毛利 ÷ 營收 × 100%

假設一杯咖啡的售價為100元，但原料、包裝與製作成本需花費40元，營業毛利就是60元（100元－40元），毛利率為

60％。當毛利越高，代表成本控制得宜，或產品有議價能力，顯現出公司體質強，能創造較高利潤。這是公司的「初步獲利能力」檢查表，也就是如果只有毛利率高，不一定就代表賺錢，公司還有人事、租金、行銷等營業費用，所以還需看營業利率及淨利率來綜合評估。

指標 3：營業利率，評估企業經營能力

營業利率的公式為：

營業利率＝營業利益 ÷ 營收 × 100%

其中的營業利益又稱為營業利潤或營業盈餘，是公司營收扣除銷貨成本，及人事、租金、研發、行銷等營業費用後的數字，可以說是公司經營本業的「核心獲利能力」。如果營業利益持續成長，代表公司本業經營良好，有長期價值，投資人通常會給予較高評價。

指標 4：淨利率，企業真實獲利

淨利率又稱為淨利或稅後淨利，是公司扣除所有成本與費用後，真正賺到的錢，公式為：

淨利率＝（收入－成本－費用＋業外損益－稅金）÷ 營收 × 100%

如果公司是一間早餐店，毛利率是賺得的金額扣掉製作餐點的成本，而淨利率就是再扣除員工薪水、房租、水電、稅金後，真正賺到的錢。這也是股價背後的「現實支撐力」，淨利率持續成長，股價才有長線上漲的空間。

　　從下頁圖 1-20 可以看出，台積電（2330）的毛利率、營業利率、淨利率都維持在專家財測預估範圍內，每股盈餘也每一季都在增加，無怪乎擁有百萬股民，成為護國神山股。

現金殖利率，快速滾出翻倍資產

　　現金殖利率原本出自於債券，債券每期的利息報酬率也同樣叫做殖利率，指的是把一筆錢長期投入股市後，每年能拿回的利息。利用定期股利支付的方式來獲利，就有如銀行存款有利息可以領一樣。

　　台積電（2330）的現金殖利率不高，目前每季配發 4.5 元，預估 1 年配息 18 元。以 2025 年 5 月 9 日股價 949 元計算，殖利率為 1.9％（18÷949×100％＝1.9％），真的很低。由此可見，台積電是用來賺價差的股票。

　　若想從殖利率獲利，可以買高股息 ETF，如元大高股息（0056）、國泰永續高股息（00878）、元大台灣高息低波（00713），過去平均殖利率約 7％～10％。

圖表1-20 台積電（2330）2021～2024 年財報三率及每股盈餘

季度	每股盈餘	毛利率	營業利率	淨利率
2024 年第 4 季	14.45 元	59%	49%	43.1%
2024 年第 3 季	12.55 元	57.8%	47.5%	42.8%
2024 年第 2 季	9.56 元	53.2%	42.5%	36.8%
2024 年第 1 季	8.7 元	53.1%	42%	38%
2023 年第 4 季	9.21 元	53	41.6%	38.1%
2023 年第 3 季	8.14 元	54.3%	41.7%	38.6%
2023 年第 2 季	7.01 元	54.1%	42%	37.8%
2023 年第 1 季	7.98 元	56.3%	45.5%	40.7%
2022 年第 4 季	11.41 元	62.2%	52%	47.3%
2022 年第 3 季	10.83 元	60.4%	50.6%	45.8%
2022 年第 2 季	9.14 元	59.1%	49.1%	44.4%
2022 年第 1 季	7.82 元	55.6%	45.6%	41.3%
2021 年第 4 季	6.41 元	52.7%	41.7%	38%
2021 年第 3 季	6.03 元	51.3%	41.2%	37.7%
2021 年第 2 季	5.18 元	50%	39.1%	36.1%
2021 年第 1 季	5.39 元	52.4%	41.5%	38.6%

（資料來源：台灣股市資訊網）

2025年這3檔ETF殖利率特別高，尤其是0056，每季殖利率2.89%，一年殖利率達11.56%，這麼高的殖利率，讓散戶們越跌越買。截至2025年5月9日，0056的受益人數達到1,467,790人，較2024年底約1,300,000人，增加了約167,790人，增幅約為12.9%。受益人數持續增加，反映出投資人對於穩定配息與長期投資的偏好，在市場波動時期，0056的受益人數仍呈現增長，顯示其高股息的吸引力。

我們再看看聯發科（2454），其現金殖利率是台積電（2330）的3～4倍，2023年配發之殖利率為9.68%，配息與每股盈餘相當，很大方。但配息後股價會變低，公司營收獲利必須持續增加，成長性也必須相對提升，股價才會繼續往上。

聯發科（2454）2023年配發之殖利率為9.68%，不輸給高股息ETF；在2024年改為半年配息一次，2024年1月14日配發24.6元，7月4日30.41元，全年共配了55.01元。2024年獲利很好，預估2025年配息會在65元上下，上半年已公布配發29元。像這樣高配息、股價又能往上漲，就是個高富帥的好選擇。

ROE，為股東賺錢的能力

ROE是評估公司獲利能力的關鍵指標，公司如何運用股東的錢來賺錢，可以掌握公司的價值關鍵在哪。ROE如餐廳的翻桌率一樣，一張桌子一個晚上可以來幾組客人，代表著企業為整體股

破框投資，照著做就能富

東資金創造獲利的效率，高 ROE 代表公司可以有效運用資本，並獲得良好盈利。

投資人可以比較不同公司的 ROE，來判斷在同個產業裡，誰的經營表現和價值更好，或者一家公司 ROE 在不同時間點的經營

圖表 1-21 聯發科（2454）2010～2024 年現金殖利率

股利所屬年度	現金股利	現金股利殖利率	填息花費天數
2024 年合計	54 元	3.88%	-
2024 年下半年	25 元	1.82%	-
2024 年上半年	29 元	2.05%	3 天
2023 年合計	55.01 元	4.67%	-
2023 年下半年	30.41 元	2.16%	3 天
2023 年上半年	24.6 元	2.58%	19 天
2022 年	76.01 元	9.68%	62 天
2021 年	73 元	9.05%	317 天
2020 年	37 元	3.87%	9 天
2019 年	10.5 元	1.80%	1 天
2018 年	9 元	2.80%	4 天
2017 年	10 元	3.51%	4 天
2016 年	9.5 元	3.58%	16 天
2015 年	11 元	4.47%	9 天
2014 年	22 元	5.66%	1,021 天
2013 年	15 元	2.80%	1,461 天
2012 年	9 元	2.51%	9 天
2011 年	9 元	3.63%	2 天
2010 年	20 元	6.57%	50 天

（資料來源：玩股網）

表現是否有高低、淡旺季之分。計算方式如下：

ROE ＝（稅後淨利 ÷ 股東權益）×100%

公式中的稅後淨利，代表公司在特定期間內的淨收入，即是扣除各種成本和費用後的利潤。稅後淨利的高低，會與公司營運基本面息息相關。股東權益的算法是「總資產－負債」，也就是當公司把所有債務還清後，剩下的資產就是股東權益。

巴菲特所持有股票的公司，都具有高 ROE 特色（高於 10%～15%），ROE 走勢平穩或上升，都代表為股東帶來獲利的效率越來越好。因為 ROE 指的是公司運用自有資本的賺錢效率，所以 ROE 越高，代表公司為股東賺回的獲利效率越佳；ROE 越低，則代表公司為股東賺回的獲利越少。

我用 A、B 兩家公司來舉例：

A 公司資本額為 100 萬元，獲利 20 萬元，故 ROE 為 20%。

B 公司資本額為 1,000 萬元，獲利 20 萬元，故 ROE 為 2%。

A、B 兩家公司都是獲利 20 萬元，但因為資本額不一樣，所以 ROE 大不同，A 家公司以 100 萬元資本獲利 20 萬元，ROE 達到 20%，代表它的資金利用能力，比 ROE 只有 2% 的 B 公司好 10 倍。

購買一家公司的股票，投資人就是股東，ROE 越高，代表公司為股東賺錢的效率越佳，股東能享受到公司給予的獲利越多。

05 從 5 年本益比算出合理股價

　　本益比是投資 1 股股票的成本與獲利（即是每股盈餘）的比值。在接近合理本益比的條件下，較低的本益比通常代表著投資的潛在報酬較大。我再用 A、B 兩家公司說明：

　　A 公司股價 100 元，每股盈餘 5 元，本益比為 20（100÷5 = 20），代表買進股票後要 20 年才能還本。

　　B 公司股價 100 元，每股盈餘 10 元，本益比為 10（100÷10 = 10），代表買進股票後 10 年可以還本。

　　由上可知，B 公司的獲利較好，且股價較便宜，挑 B 公司賺錢獲利的空間較大。所以從本益比來判斷想要買進的股票價格，才不會被沖昏頭，買到太貴的股票。

從本益比判斷合理股價

　　第 91 頁圖表 1-22 是台積電（2330）過去 5 年的股價、獲利與本益比比較，可以知道本益比介於 23～26 之間，就能算出它的合理股價。我們把 2020～2025 年的股價、每股盈餘列出來，

破框投資，照著做就能富

算出從 2020 年到 2024 年的本益比，與 2025 年預估的每股盈餘及本益比，結果如下：

• 低本益比，股價委屈：2022 年本益比只有 13.31，股價太委屈，這時候買進獲利空間大。

• 中本益比，股價合理：比如 2023 年本益比 19.41，接近平均本益比 20，故股價 628 元為合理股價。

• 高本益比，股價太貴：2020 年的本益比為 29.6，是 5 年來最高，獲利機率較小，賠錢機率較大。還好台積電（2330）這 5 年來是三率三升的好股票，營收獲利持續增加，股價也持續往上推升。

2022 年台積電（2330）股價一度跌到 380 元，但因為獲利增加快速，可以趁機放長線、滾雪球，到 2024 年股價漲破千元，報酬率便能翻倍。

2025 年 5 月 9 日股價為 949 元，以日本最大證券公司野村證券預估，2025 年的每股盈餘為 58.47 元，算出本益比目前只有 16.23，低於過去平均本益比 20，代表現在的股價太委屈，合理股價應為 1,169 元（58.47 元 ×20）。

第 92 頁圖表 1-24 是 2023 年全球前 5 大 IC 設計公司營收排行榜，都是台積電（2330）客戶，2024 年財報因為 AI 題材成長快速，營收獲利倍增，未來 3～5 年會持續看好。觀察輝達

PART 1　我從慘賠中學到的投資心法

圖表 1-22　台積電（2330）2020～2025 年股價、每股盈餘及本益比

年度	股價	每股盈餘	本益比
2020 年	591 元	19.97 元	29.6
2021 年	636 元	23.02 元	27.63
2022 年	522 元	39.2 元	13.31
2023 年	628 元	32.34 元	19.41
2024 年	1,135 元	45.25 元	25.1
2025 年 5 月 9 日	949 元	野村證券預估 58.47 元	16.23

圖表 1-23　台積電（2330）本益比河流圖

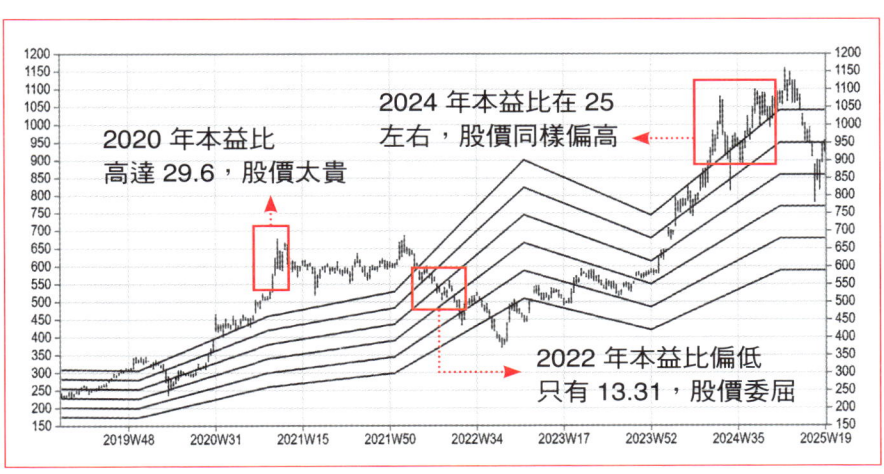

從本益比河流圖可清楚看出，2022 年股價偏低，獲利空間大；2020 年及 2024 年則股價太高，獲利機會小。

註：本益比河流由下往上倍數為 13 倍、15 倍、17 倍、19 倍、21 倍及 23 倍。

（資料來源：台灣股市資訊網）

破框投資，照著做就能富

（NVDA）2024 年第 2 季財報成長表現，營收成長 264％，獲利增加近 7 倍；第 3 季營收成長 94％，獲利翻倍，預估台積電（2330）股價也將跟著水漲船高。

圖表 1-24　2023 年全球前 5 大 IC 設計公司營收排名

（單位：百萬美元）

2023年排名	2022年排名	公司名稱	營收表現 2023年	營收表現 2022年	年增率	市占率 2023年	市占率 2022年
1	2	輝達（Nvidia）	55,268	27,014	105%	33%	18%
2	1	高通（Qualcomm）	30,913	36,722	-16%	18%	24%
3	3	博通（Broadcom）	28,445	26,640	7%	17%	18%
4	4	超微（AMD）	22,680	23,601	-4%	14%	16%
5	5	聯發科（MediaTek）	13,888	18,421	-25%	8%	12%
前 5 大業者營收合計			151,194	132,398	67%	90%	88%

註：1. 此排名僅統計公開財報之前 5 大廠商。
　　2. 高通僅計算晶片部門營收；輝達扣除代工及其他產品營收；博通僅計算半導超部門營收。

（資料來源：Trendforce，2024 年 5 月）

06 三大法人是否同步買進？

每天下午，我都會看臺灣證券交易所（簡稱證交所）公布的籌碼動向，比如：

2025 年 5 月 9 日，台股表現強勁，加權指數上漲 371.64 點，收在 20,915.04 點，漲幅達 1.81％，成交值約為新臺幣 2,935.1 億元。

觀察三大法人的籌碼動向，外資及陸資合計買超 227.32 億元，已連續第 6 個交易日買超；投信買超 11.52 億元；自營商賣超 4.01 億元。三大法人合計買超 234.83 億元。

由上述資訊及觀察可知，外資持續買超，尤其加碼金融股和台積電（2330），顯示對台股信心回升。然而，自營商持續賣超，可能反映短期獲利了結或避險操作。整體而言，台股技術面偏多，但需留意成交量能否持續放大，以支撐指數進一步上攻。

破框投資，照著做就能富

三大法人每天買賣量

　　過去股票要漲必須看外資，然而這 5 年來，外資不斷的大舉賣超台股，調節力道一年比一年還驚人，2020 年、2021 年分別賣超 5,395 億元及 4,540 億元，2022 年更是賣超 1.23 兆元，2023 年因 AI 題材轉為買超台股，但 2024 年外資賣破千億，達史上最多，下列的前 5 大賣超中，甚至就有 4 名在 2024 年裡：

・2024 年 9 月 4 日賣超 1,007.51 億元，史上最大外資賣超金額，台股下跌 999.46 點。

・2024 年 8 月 2 日當天台股重挫 1,004.01 點，外資賣超 944.3 億元。

・2021 年 2 月 26 日，台股下跌 498.38 點，當天提款 944.07 億元。

・2024 年 4 月 19 日，台股慘摔 752.63 點，賣超金額為 857.52 億元。

・2024 年 7 月 26 日，大盤指數下挫 752.63 點，賣超 844.17 億元。

　　這 5 年來，外資因為地緣政治因素，覺得臺灣市場危險而大賣，導致賣超這麼多。但從 2020 年至 2024 年，台股大盤指數從 11,000 點翻到 23,000 點，上漲了 2 倍。是什麼力道讓台股翻倍？

答案是內資強勁。因為現在投信發行很多不同種類的 ETF，比如高股息或債券型 ETF，散戶買 ETF 把錢都給了投信，因此內資當道。

臺灣的 ETF 受益人數已超過千萬開戶數，資金也突破 6 兆元，顯示散戶力量大，這就是為什麼台股可以繼續往上升，3 年翻 2 倍。

另一個很重要的指標，是證交所每天公布的三大法人買賣金額統計表。外資從 2024 年 9 月 1 日至 9 月 9 日已賣超台股 1,941 億元，投信則是買超 435 億元。若外資可以轉賣為買，兩相加總之下，台股便將出現上漲訊號。

我每週都會看這三大法人買賣金額統計表，尤其是外資和投信的買賣數字，其中外資買賣超跟匯率有很大的關聯：新臺幣升值，代表外資匯入很多，台股漲；新臺幣貶值，代表外資賣超，台股則會大跌。

股價要漲，量先價行

股市獲利最重要的不是選股，而是時機，在對的時間，做出對的決策。

俗話說「量先價而行」，有成交量才能推動股價。簡單來說，股票交易就是一個「需求」與「供給」的市場。不妨把股市想成在菜市場買菜，颱風來襲時，蔬菜需求量大增，但供給量不足，

破框投資，照著做就能富

圖表 1-25 2024 年台股大盤走勢圖

2024 年 7 月 26 日
外資賣超 844.17 億元，
台股下跌 752.63 點

2024 年 8 月 2 日
外資賣超 944.3 億元，
台股下跌 1,004.01 點

2024 年 9 月 4 日
外資賣超 1,007.51 億元，
台股下跌 999.46 點

2024 年台股多次遭受外資賣超而重挫，其中 9 月 4 日賣超達千億元，台股下跌逼近千點。

（資料來源：TradingView）

消費者要用更高的價格來搶；但是蔬菜盛產時期，蔬菜需求量不變，但供給量大增，消費者就能用便宜的價格買到菜。

　　價格走勢代表市場情緒，而三大法人的成交動向代表市場動能，當成交量放大且方向一致，例如全部買超或賣超，市場資金流向明確，就可作為短中期走勢的參考。

　　我用波若威（3163）的例子來解釋。輝達（NVDA）執行長黃仁勳於 2025 年 3 月 18 日的 GTC 大會（Nvidia GPU Technology

三大法人買賣金額查詢

證交所每天都會公布三大法人買賣金額統計表，可直接上網 https://www.twse.com.tw/zh/trading/foreign/bfi82u.html 查詢，可設定統計週期為日、週或月分，查看自營商、投信、外資的個別買賣金額。

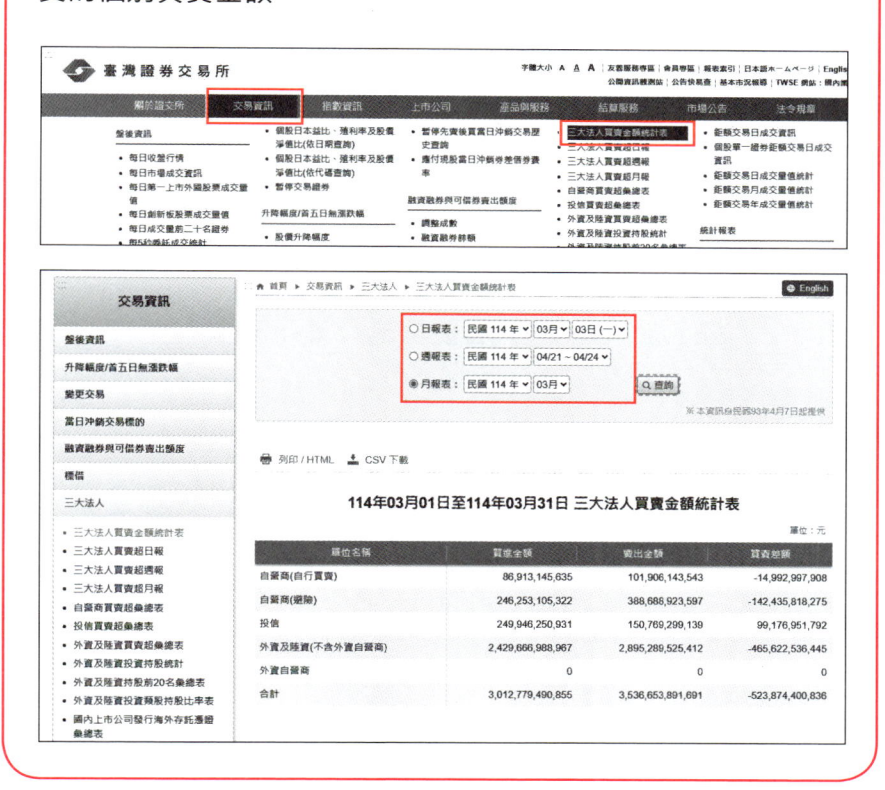

破框投資，照著做就能富

Conference，輝達召開的全球開發者人工智慧大會）上宣布，推出兩款矽光子（Co-Packaged Optics，簡稱 CPO，使用矽製程半導體技術製造的光學晶片）網路交換器產品，並點名臺灣光通訊廠波若威（3163）為合作夥伴之一，這一消息引發市場對波若威（3163）的高度關注。

被黃仁勳點名後，波若威（3163）在 3 月 19 日先爆出一波成交量 4.71 萬張，隨後股價迅速上漲，從 173 元漲到 3 月 24 日最高達到 228 元，成交量放量到 8.43 萬張，創下歷史新高。然而，隨後股價出現回調，3 月 28 日收盤價為 190 元，跌幅 5.47%。

圖表 1-26　波若威（3163）股價及成交量走勢圖

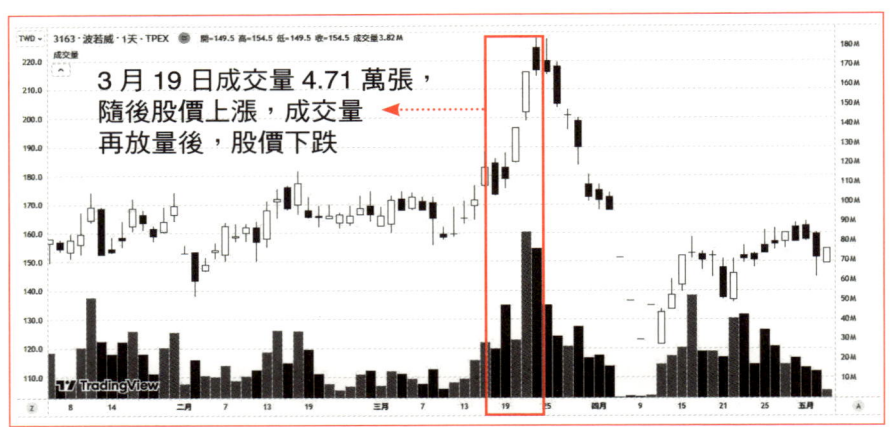

波若威（3163）被輝達（NVDA）點名後，2025 年 3 月 19 日先爆出一波成交量 4.71 萬張，隨後股價迅速上漲，最高達到 228 元，成交量放量到 84.3 萬張，創下歷史新高。

（資料來源：TradingView）

CPO 技術被視為未來高速資料傳輸的關鍵，特別是在 AI 和雲端運算領域。輝達（NVDA）此次推出的 CPO 產品，預計將在 2025 年下半年開始導入，並於 2026 年全面放量出貨，這為波若威（3163）等供應鏈廠商帶來長期成長動能，讓投信連續買超，外資也由賣轉買，顯示法人對波若威（3163）的看好，出現量先價行。

若是有興趣投資矽光子產業，我必須提醒，矽光子產業獲利比較少，財報並不佳，但股票卻可以高達 200 元以上，本益比很高，是台積電（2330）的 2 倍；其中最高破百本益比的上詮（3363），2024 年每股盈餘虧損 0.52 元，其 2025 年 5 月 9 日股價 230 元，能支撐如此高的本益比，來自於法人對其未來性的看好。

下頁圖表 1-27 是我整理出來的矽光子公司財務分析比較表，可以看出，獲利較穩定的是華星光（4979）與聯鈞（3405），2025 年第 1 季營收大幅成長；波若威（3163）每股盈餘大幅減少；上詮（3363）開始轉虧為盈；前鼎（4908）營收小幅衰退；眾達-KY（4977）則是轉盈為大虧。矽光子產業雖然本益比高，但因為題材性非常看好，所以我會趁大跌時，買入財報獲利佳的股票波段操作。

以下簡單分析這 6 家公司 2025 年 1 月至 4 月的獲利狀況：

聯鈞（3450）

2025 年第 1 季的營收創歷史新高，比 2024 年同期，成長約

圖表 1-27　陳詩慧的矽光子公司財務分析比較表

公司	華星光（4979）			前鼎（4908）			眾達-KY（4977）		
年分	2023年	2024年	2025年第1季	2023年	2024年	2025年第1季	2023年	2024年	2025年第1季
營收	29.6億元	34.41億元	10.67億元	9.41億元	9.36億元	2.12億元	17.43億元	10.91億元	2.73億元
毛利率	20%	19%	22%	42%	45%	45%	21%	27%	27%
資本額	14.08億元			7.82億元			8.02億元		
每股盈餘	3.24元	3.8元	1.52元	2.63元	2.5元	0.75元	4.57元	2.24元	-1.29元
2025年5月9日股價	166元（漲停）			77.3元（漲幅0.9%）			90.8元（漲幅2%）		
本益比	―	―	43.8	―	―	27.41	―	―	27.68
股價淨值比	―	―	6.88	―	―	3.55	―	―	1.86
流動比率	―	―	418.5%	―	―	834.29%	―	―	256.01%
速動比率	―	―	363.4%	―	―	751.56%	―	―	241.03%

註：矽光子公司本益比普遍偏高，需要更多指標協同判斷分析，包括：股價淨值比、流動比率及速動比率等。
1. 股價淨值比：股價 ÷ 每股淨值，小於 1 代表市場價格低於公司帳面價值，可能是被低估，或公司前景不被看好；大於 1 則代表市場價格被高估。

PART 1　我從慘賠中學到的投資心法

波若威（3163）			上詮（3363）			聯鈞（3450）		
2023年	2024年	2025年第1季	2023年	2024年	2025年第1季	2023年	2024年	2025年第1季
27.8億元	19.41億元	5.23億元	12.7億元	13.6億元	4.11億元	54億元	54.5億元	27.58億元
21%	9%	18%	14%	14.5%	17%	15.4%	27%	36%
8.05 億元			10.36 億元			14.57 億元		
5.63元	4.15元	0.61元	0.12元	-0.52元	0.11元	-0.52元	2.85元	2.34元
155.5元（漲停）			230元（漲幅5%）			204元（漲停）		
—	—	33.23	—	—	230	—	—	34.96
—	—	4.73	—	—	9.45	—	—	6.22
—	—	359.21%	—	—	484.5%	—	—	188.8%
—	—	318.23%	—	—	400.2%	—	—	163.7%

2. 流動比率：流動資產 ÷ 流動負債，衡量企業短期償債能力的重要指標，大於200%為佳，小於100%則風險較高。
3. 速動比率：（流動資產－存貨）÷ 流動負債，另一項評估公司短期償債能力的重要指標，比流動比率更保守。

114.55％；歸屬母公司稅後淨利 3.4 億元，季增 16.66％，與上一年度相比成長約 666.49％，每股淨值 32.9 元。財報獲利好，是股市大跌時的口袋名單。

眾達 -KY（4977）

2025 年第 1 季合併虧損 1.03 億元，每股稅後盈餘為 -1.29 元，雖有 CPO 題材，但 2025 年營收獲利下滑，股價也往下崩跌，除非看到財報營收好轉，不然不建議買進。

華星光（4979）

2025 年第 1 季自結合計稅後純益達 2.13 億元，季增 40％、年增 105％，創下 2016 年第 1 季以來的單季歷史新高；1 ～ 4 月累計營收為 14.50 億元，累計年增率 56.68％，與聯鈞（3450）同屬財報獲利較佳。

上詮（3363）

2025 年 4 月營收為 2.04 億元、月增 29.26％、年增 80.56％；1 ～ 4 月累計營收為 6.15 億元、年增 61.3％。2024 年每股盈餘為負，2025 年第 1 季交出稅後純益 111 萬元成績單，終於虧轉盈，支撐其破百本益比，仍需持續觀察每季營收狀況。

波若威（3163）

　　雖然過去公司財報穩健，但 2025 年第 1 季營收季增 9.92％、稅後純益季減 66.4％、年減 63.59％，獲利大幅衰退。可以繼續觀察每個月營收獲利，及其與台積電（2330）和輝達（NVDA）的合作狀況。

前鼎（4908）

　　2025 年第 1 季的營收累計成長率為 -6.79％、稅前淨利 7,379 萬元、本期淨利 5,903 萬元、歸屬於母公司業主淨利 5,903 萬元；2024 年度之現金股利為 1.75 元。

07 看 KD 值判斷買賣點

接下來,要跟大家分享如何用技術線型判斷買進跟賣出的點位,我們用簡單的 KD 值來看就可以了。

K 值與 D 值是技術分析中常用的「隨機指標」的一部分,用來觀察股票短期的超買或超賣狀況,幫助投資人判斷買進或賣出時機。K 值是目前價格在一定期間(通常是 9 天)內的相對位置,D 值則是 K 值的移動平均值,通常是 3 天的平均,用來平滑波動。

看 KD 值可以判斷出轉折時機,規律是:

• 當 K 值由下往上穿越 D 值時,稱為「黃金交叉」,可能是買進訊號;
• 當 K 值由上往下貫穿 D 值時,稱為「死亡交叉」,可能是賣出訊號。

當看好某張股票時,先算好本益比與合理股價,再用技術線型判斷股價冷區,KD 值 < 20 是冷區,介於 20 ～ 40 之間時可布局買進;KD 值 > 80 屬於過熱、股價太高,就可以賣出,賺取波

段獲利。

但必須強調，投資個股還是要以觀察長期財報為主，技術線型只是一個輔佐功能，作為波段買進賣出賺價差的參考指標。我覺得技術線型很像紙上談兵，不能當作選擇股票買賣的主軸，因為資本額比較小的公司，線型很容易受大戶影響。

相較於美股不太談技術線型，臺灣用技術線型比較多，因為臺灣的公司資本額相對較小。而技術線型有千百種，經過長期觀察，對我來說，最重要的就是 KD 值，另一個則是 MA。

圖表 1-28　技嘉（2376）股價及 KD 值走勢圖

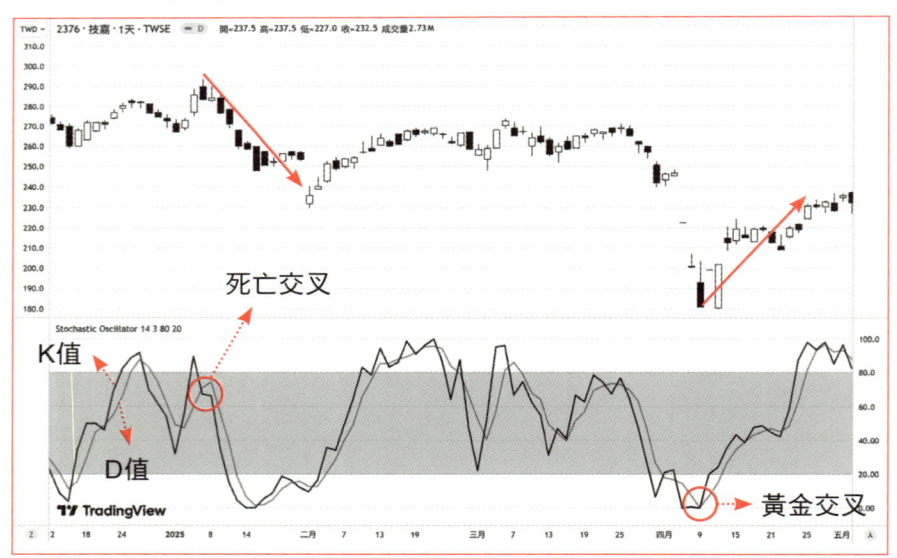

KD 值可判斷出轉折時機，當 K 值由下往上穿越 D 值，形成黃金交叉，股價有機會上漲；反之則為死亡交叉，可能是賣出訊號。

（資料來源：TradingView）

MA 的中文全名為「移動平均線」，是把一段時間週期內的價格相加，除以週期頻率，就是過去一段時間市場的「平均成交價格」。觀察一段時間後，如果均線的價格越來越高，那就代表著現階段市場趨勢是往上走，反之往下。

圖表 1-29 是技嘉（2376）2025 年 5 月 7 日的週均線圖，可以看到 5 週平均價格是 225.1 元、20 週平均價格是 253 元、60 週平均價格是 275.31 元。而 2025 年 5 月 7 日股價是 237.5 元，高於 5 週平均線，但低於 20 週與 60 週的平均線價格，這代表技嘉（2376）的股價有兩個現象：第一個是股價短期轉強，但中長期仍偏空；第二個是可能處於反彈或初步築底階段。

圖表 1-29 技嘉（2376）2025 年 5 月 7 日週均線圖

技嘉（2376）2025 年 5 月 7 日股價為 237.5 元，高於 5 週均線，但低於 20 週及 60 週均線，若接下來能依序突破，就有可能展開波段反轉。

（資料來源：台灣股市資訊網）

破框投資，照著做就能富

　　由於股價已經站上 5 週均線，代表短線買盤出現，可能在反彈，但又仍壓在 20 週與 60 週均線之下，顯示整體趨勢尚未翻多，空方結構未改變。這時可以注意，若接下來股價能依序突破 20 週及 60 週均線，就有可能展開波段反轉。

08 MACD 綠轉紅為起漲點

　　MACD 的中文全名是「指數平滑異同動平均線」，是由快線（DIF）、慢線（MACD）兩條曲線，以及紅綠柱狀圖組合而成。快線是 12 日及 26 日的指數移動平均線（Exponential Moving Average，簡稱 EMA）的差值；慢線則是快線的 9 日指數移動平均值。藉由快慢兩條線的交叉狀態，MACD 常被用來判斷股價趨勢走向，確定波段漲幅並找到進出場點。

　　以下為 MACD 的基本解讀：

・當快線和慢線均在 0 軸之上，且持續向上推移，代表目前處於多頭趨勢，向上續漲機率高。
・當快線和慢線均在 0 軸之下，且持續向下推移，代表目前處於空頭趨勢，向下續跌機率高。
・當快線和慢線均在 0 軸之下，但持續往上推移，代表目前價位處於空頭趨勢中，但可能迎來一波反彈。

　　當 MACD 出現黃金交叉，也就是快線由下往上突破慢線，柱狀體由負（綠色）轉正（紅色）時，代表股價反轉、由弱轉強，

破框投資，照著做就能富

一般市場解讀為「買進訊號」。

而當快線由上往下跌破慢線，柱狀體由正（紅色）轉負（綠色），即是死亡交叉，代表股價由強轉弱，一般市場解讀為「賣出訊號」。

觀察圖表 1-30 技嘉（2376）的 MACD 指標，可以發現當快線跌破慢線，出現死亡交叉時，柱狀體由正轉負（基準線上轉至基準線下），股價反轉，開始下跌；反之，當快線向上突破慢線，出現黃金交叉時，柱狀體就由負轉正（基準線下轉至基準線上），

圖表 1-30 技嘉（2376）股價圖及 MACD 指標走勢圖之一

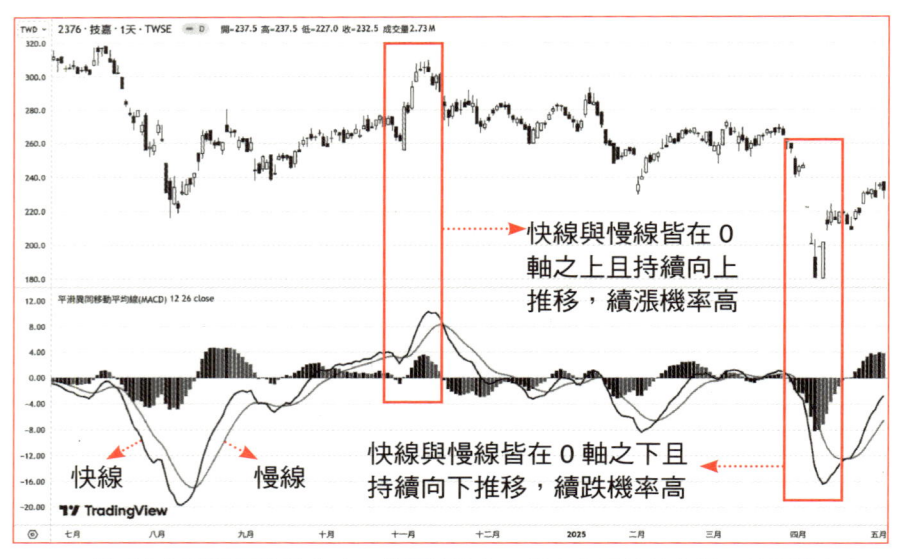

快線與慢線皆在 0 軸之上且持續向上推移，續漲機率高

快線與慢線皆在 0 軸之下且持續向下推移，續跌機率高

快線　　慢線

MACD 常用來判斷股價趨勢走向，當兩線皆在 0 軸之上且持續上揚，續漲機率高，反之則續跌機率高。

（資料來源：TradingView）

股價反轉走升。

　　必須再次提醒,如前所說,投資個股仍須以觀察長期財報為主,技術線型的 KD 與 MACD 觀察只是輔佐功能,與波段買進、賣出賺價差的一個參考指標而已。

圖表 1-31 技嘉(2376)股價圖及 MACD 指標走勢圖之二

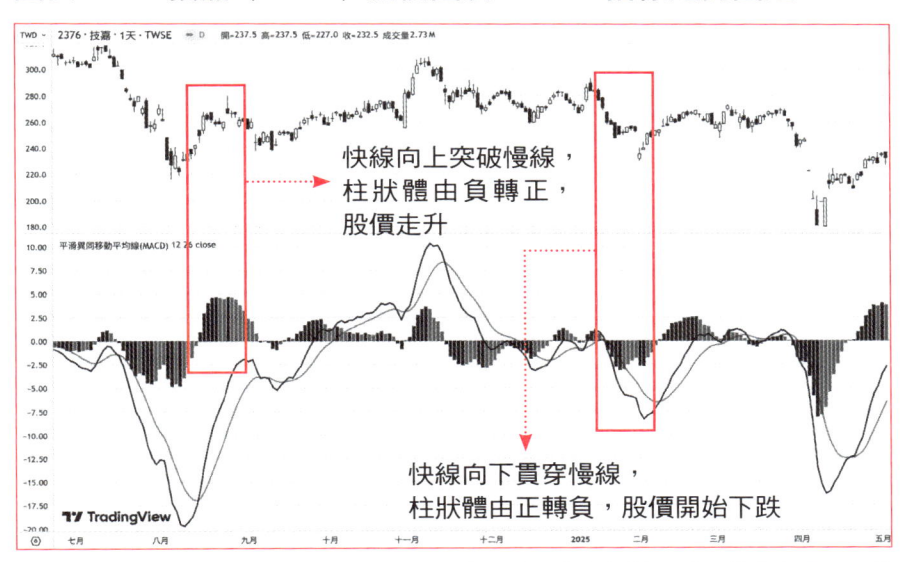

MACD 的柱狀體方向改變,也是可能的買賣訊號,當由負轉正即是黃金交叉,一般解讀為買進訊號,反之則為賣出訊號。

(資料來源:TradingView)

09 我從慘賠中悟出的投資修練

我曾剖析自己慘賠一路上的心理變化，最後理解到，那些賺錢的投資，有部分是出自運氣，但我卻以為自己很厲害，結果大意失荊州。想成為高手，應該保持對市場敬畏的態度，並且做好風險控管，而我卻輕忽了。因此，八大金律的最後一步，便是我從慘賠經驗中領悟出的，5 項保持穩定投資心態的修練。

第一項修練：別把運氣當實力

心理學有個「達克效應」（Dunning-Kruger Effect）理論，指欠缺能力的人誤以為自己比真實情況更優秀，而有虛幻的自我優越感。從這個理論的心理變化曲線，又再延伸出愚昧之嶺（Peak of Mount Stupid）與絕望之谷（Valley of Despair）。愚昧之嶺指剛學會一點點知識，信心瞬間飆高，便誤以為自己已經「知道全部」，常見於剛入門者的「自信膨脹期」。絕望之谷則指當發現事情比想像複雜，認清自己的無知，開始自信崩塌，進入低潮期。

一個人在開始學習知識時，常會有過度膨脹的自信，一路攀

破框投資，照著做就能富

上「愚昧之巔」，覺得自己很厲害，自我感覺良好。等到漸漸發現世界很大，厲害的人非常多，開始變得沒有自信，越努力越無力，再加上遇到挫折失敗，進而落入「絕望之谷」。欠缺「自我覺察」的意識，不但沒有能力看到自己的不足，也無法評斷自己是否勝任。

任何事物都必須經過漫長學習，有了成功經驗後，信心會慢慢爬升，隨著在此領域越來越得心應手，開始邁上「開悟之路」。當成功經驗與次數不斷的累積，最後成為專家，風險控管能力變高，就不會再大起大落，登上「持續平穩高原」。

從愚昧之巔到持續平穩高原，這段修練路程，我可以用自己的第三次慘賠經驗來對比說明。

• 愚昧之巔：2021年雖然有疫情影響，股市出現了劇烈的波動，但我的年獲利卻很好。2022年台股持續創新高，來到了18,000點，讓我對市場非常樂觀，忽視了潛在的風險，做出不符合實際情況的投資決策，就是：把更多的資金投入市場，甚至還加重融資比率。

• 絕望之谷：2021年的獲利好，其實是因為跟上了熱門的投資趨勢，帶來短期的收益。2022年突如其來的俄烏戰爭，還有聯準會啟動升息引發全球嚴重通膨；而戰爭引起石油價格暴漲，讓通膨更嚴重；再加上美國認為地緣政治風險，股市突然大跌，總總因素導致最後慘賠千萬。

• 開悟之路：這次經驗讓我體悟到，2021年賺錢有些運氣的

成分,絕不能應再犯錯。我先找出犯錯的原因,了解並承認有所不足,並持續學習、修正錯誤。有句話說:「你無法賺到認知以外的錢。」我從此對市場保持更敬畏的態度,意識到自己可能存在的盲點和弱點,需不斷豐富投資知識,才能有更好、更客觀的評估能力。

・持續平穩高原:2023 年 8 月,我注意到臺灣出口值不斷增加,之後每個月觀察,發現外資賣超台股也從 2022 年的 1.2 兆元降到四千多億元。同時間高股息 ETF 崛起,內資越來越強。於是我從 8 月開始,以更保守謹慎的心態進入股市,到 2024 年 11 月獲利已達 210%,把 2022 年慘賠的千萬以雙倍賺回來。

賺錢時不能驕傲、太過自信,反而應問問自己,賺的究竟是運氣,還是真正的實力?是算過風險後而做的決定,還是完全被驕傲蒙蔽了雙眼?很多人以為自己是憑實力賺錢,但其實有時只是運氣好,所以我們都必須不斷的磨練、修正自己,才能把運氣變成實力。

第二項修練:用數據克服怕賠的恐懼

投資最怕賠錢,還記得 2022 年時台股攀上 18,000 點,但同年又再下跌超過 4,000 點,創史上第二單年跌幅最大,每位國民平均虧損超過百萬,而融資的我帳面虧損高達千萬。

虧損千萬之後要再踏入股市,心裡一定會恐懼。我觀望等待

破框投資，照著做就能富

了將近一年，不斷觀察確定未來經濟景氣會復甦、臺灣出口值持續成長，確信 AI 概念股題材不是泡沫，仔細分析財報，確定這些訊號都亮了起來，在 2023 年 8 月才再度踏入股市。

2022 年台股下跌三大主要原因

1. Fed 快速升息

2021 年底聯準會就先預告 2022 年第 1 季開始，會進行升息循環和縮減資產負債表。台股在 1 月 5 日見到高點 18,000 點之後，即開始走跌。6 月美國通膨指標 CPI 創新高至 9.1%，讓聯準會在 6 月和 7 月決定加速升息 3 碼。而後連續的快速升息，美國 10 年公債殖利率上升，資金快速流出股市，往債券或存在銀行領高息。全球股市大跌。

2. 俄烏戰爭引發原物料大漲，通膨高漲

2022 年 2 月 24 日俄羅斯入侵烏克蘭，由於俄羅斯和烏克蘭都是原物料大國，使得全球的能源和原物料供給相對緊繃，之後俄羅斯禁運化肥原料，烏克蘭禁止化肥出口，推升了國際化肥原物料報價飆漲，使得世界各國的糧食價格上漲，一般民眾苦不堪言。

而俄羅斯受到國際制裁影響，停止部分供應國際原物料出口，更是推高油價和天然氣大漲，原油價格由 70 美元上漲至 124.7 美元，天然氣爆漲 4～5 倍，導致能源價格居高不下，使得美國通膨率持續在高檔，而高通膨率又讓聯準會得持續加速升息，再度造成股市下跌。

3. 地緣政治風險增高

由於俄烏戰爭，使得金融市場擔心中共是否會趁機攻臺，之後當時美國眾議院議長南西・裴洛西（Nancy Pelosi）訪臺，引發中共強烈抗議，軍演封鎖臺海 3 日，戰爭風險升高，投資信心下降。

PART 1　我從慘賠中學到的投資心法

至於用什麼方法來克服虧損千萬的恐懼？我是從過去經驗累積學習而來的。

以前在網通公司當業務時，都是一個人出國開發客戶，單兵作戰。出發前總是擔心會被拒絕，無法成功開發新客戶，帶訂單回來，壓力非常大。但每次出差後，實際情況都比想像的順利得多。只要我準備充分，知道客戶要的是什麼，做好計畫，就可以一步步激發想法，並把老闆、主管、團隊、IC 設計公司等，所有相信我理念的人都拉進我的行列，產生行動及向心力，最後拿到百億訂單。

當想像失敗大於相信自己，就會產生恐懼。但使命感會讓人產生超強行動力，勇往直前。我在當業務時的使命感，就是要買房子給家人住，因此我必須拿到訂單，只要能成為成功的業務，老闆就會讓我升官加薪。

用數據堅定信仰

失敗只是過程，時間是讓我們重新站起來再出發的良藥。我在拿到第一張百億訂單之前，歷經了 3 年，失敗了 13 次，最後成功拿到訂單的那一刻，心中的激動澎湃到現在我都還記得。

會選擇再度把手上的資金，於 16,000 點時再度投入股市，是因為看到 AI 概念股的潛力，包括臺灣出口值不斷攀升、出口到美國的數據從 17% 不斷攀高到 2024 年第 3 季的 24.2%，都是真真切切的數據。同時間景氣燈號也從藍燈、綠燈、黃紅一路回升到

紅燈，還連續 6 個月紅燈不間斷，不斷的信心加持，可以得知台股、美股將創新高。

從總經數據看到機會之後，我堅定自己的信仰，有信心的投資下去，把資金集中在認真分析的 AI 概念股，挑出台積電（2330）、聯發科（2454）、緯創（3231），獲利果然可觀。

第三項修練：千萬別跟著市場情緒起鬨

被市場情緒起鬨，白的可以變成黑的，黑的可以變成白的，連自己是對的都不相信了。有個 110 隻老鼠的實驗可以說明這個荒謬的現象。

心理學家們曾經做過一個很有趣的實驗，他們製造了 A 和 B 兩個大小、構造相同，食物也都非常充足的實驗箱，然後在 A 實驗箱裡放進 10 隻小老鼠，B 實驗箱裡放進 100 隻小老鼠。

實驗剛開始時，兩個實驗箱裡的老鼠行為看起來沒什麼不同，但是過了幾週後，心理學家們發現，原來行為相似的兩組小老鼠，因為居住環境不同而逐漸產生不同的行為：A 實驗箱的老鼠數量較少，心情比較溫和；B 實驗箱的老鼠多了 10 倍，導致焦慮、不安等症狀比較多。

投資市場就如這 100 隻老鼠一樣，面對專家學者判斷、分析師的技術線型、財經節目分析、朋友給的內幕消息……到底誰說的才對，哪個消息方是正確？集體緊張焦慮不已。

投資是一個人的武林，別人選的不見得適合自己，當不了解股票的股性、財報，怎麼能輕易下手買它們？最好的做法應是像忍者一樣，必須小心翼翼觀察全局，分析全球經濟狀況與公司的新聞財報，剛開始可能會嘗遍失敗與苦頭，但當成功時會是很大的成就感。

第四項修練：系統性思考

老一輩的人總是告誡我們：不要投資股票，那會害人家破人亡。但那是因為過去資訊不發達，大家都是「聽別人說」，以及聽從證券公司給的訊息在投資。現在網路發達，各項資訊透明化，我們可以自己去了解投資市場訊息與自我學習。

德國傳奇散戶投資家科斯托蘭尼所著的《一個投機者的告白》（*Die Kunst über Geld nachzudenken*），是我看的第一本、也是最喜歡的投資書，教會我最多投資心態。書中有句話影響我很深：「投機者不等於賭徒，對投機者來說，反覆思索而不行動，比不加思索而採取行動好。」於是，我開始整理適合自己的投資方法。

史丹佛大學（Stanford University）曾做過一個經典的棉花糖實驗，研究發現願意等待的孩子，在未來發展上，也表現出更佳的自我控制力和成就。每個人都知道等待是明智的選擇，但放在股票市場，卻有成千上萬的投資人在股票真正上漲之前，就忍不住賣掉，即使他們知道未來有很大的機率上漲。耐心等待股價有

所反應，是投資中最基本但也最困難的一門功課。

　　我有兩個商學碩士學位，當從總體經濟與財務面下手，在分析市場時，唯一能增加我信心的，就只有看到數據。股價的波動，常會讓很多人帶著負面情緒，甚至造成虧損，尤其是在一波下跌後，要如何辨別到底是恐慌性的衰退？還是暫時性的恐慌？唯一能相信的就是數據。從過去的數據觀察幾週，很快就會水落石出。投資的八大金律，就是我的系統性思考。

第五項修練：漲時賣，跌時買，切記勿貪

　　希臘神話中的塞浦路斯王畢馬龍，非常擅長雕刻，有次他以象牙雕刻了一個少女，這座雕像非常完美，畢馬龍不知不覺竟然愛上了這座雕像，每天祈禱雕像能變成真人。愛神維納斯被他的真情感動，於是把雕像變成一個真實的美人，與畢馬龍結為夫婦。這種自我預言的實現，就是所謂的畢馬龍效應。

　　我們都渴望變成有錢人，這個夢想看似跟畢馬龍渴望雕像變成真人一樣困難，但還是有可能成真。

三大投資心態修正

　　投資股票大家都想買在最低、賣在最高，但這連最厲害的股神巴菲特也辦不到。該想的是，股市漲時，以技術線型判斷，有獲利即賣出；股市大跌時是最好的選股時機，看財報買進績優股，

選有未來性題材的股票。

　　股票投資，可以是最大的風險，但也可以是最快、最高的獲利方式，波段跑三次，會比等到一次賣在最高的獲利還多，還可以減少股價從高點跌下來不及賣，而少賺的後悔與痛苦。

　　另外，不要有一籃子股票命中率高的想法，股票在精不在多。股票就如另一半，需要每天閱讀個股的新聞，關心每月營收、每季獲利、每日股價、三大法人的進出等。一天一天的累積下來會越來越了解股性，有了深入的研究後，再按照投資八大金律操作波段、累積獲利，將會越來越有手感。

　　最後一點是漲停就賣出，切勿貪心，這是我從經驗值上分析而來的，根據我的觀察，漲停後隔天的股價，通常跌的機率大於漲的機率。

　　這是因為漲停鎖死同時蘊含了兩種力量，第一種是有大量的委買被鎖在同一價位，無法成交，隔日開盤只要出現較大賣單，瞬間就能把前一天封鎖的漲停板撬開，價格便容易滑落。另一種力量，是若漲停板後沒能再創新高，會被技術派視為賣出訊號，兩種力量互相強化，跌幅往往超過一般的回檔。因此「漲停獲利了結、不貪第二根」是相對穩當的風險控管原則。

10 質押與融資,得先了解風險

有句臺語說:「食緊挵破碗。」意思是吃太快,結果打破碗。這就像是融資借錢,以為可以更快賺到更多的錢,然而一旦失策就會事與願違被斷頭。

這裡不是要教大家什麼是融資、什麼是質押,我只是想提供自己使用融資與質押的經驗,讓大家了解風險在哪裡及如何控制,才能妥善運用這兩個工具,增加獲利。

質押可提高獲利空間,但有利息

質押是一項借錢滾錢的工具,利息為融資的一半,現股質押上限為 6 成,也就是 1.6 倍的槓桿。善用質押,在相對安全基礎上,可放大本金,加速累積獲利。

所謂質押就是「不限用途貸款」,把自己持有的股票拿去當「抵押品」,向銀行或券商借錢。質押期間,股票仍屬於你(或大股東)名下,但若到期不還款,或股價跌到風險線,放款單位(質權人)就有權「強制賣股」來收回本息。

破框投資，照著做就能富

可借金額比例方面，上市公司股票通常是 6 成，上櫃公司通常 5 成，有些特殊條件股票只能借 3 成；不限用途的擔保維持率 130%，跟融資一樣。

質押的利息比融資低很多，是因為有擔保品抵押，股票、債券、存款都可以作為擔保品。若投資人是拿債券或 ETF 抵押，比較穩定，較不會被斷頭。

很多人會質押 A 買 B，比如 2024 年不限用途貸款爆大量，高達近 3,000 億元，就是因為大家看好 AI 發展，不少人質押手中台積電（2330）或鴻海（2317）的股票，貸出 6 成資金後再買鴻海（2317）或台積電（2330），或是其他 AI 概念股、ETF，投入資金增加，獲利將更多。

質押與融資一樣，必須事先向證券公司申請額度，證券公司會根據投資人的個人信用狀況，及放在股市的資金、現金，或房地產證明，給予可使用的額度。

質押還有一個特性一定要先了解，就是必須把質押的錢都還完了，才可以賣股。所以最好質押比較穩定的股票，以免股價突然大跌，但因為質押而無法立刻出脫，造成損失更多。

關於這一點，我起初也有點懷疑苦惱，但後來發現，這個無法賣股的限制，反而增加了獲利空間。因為我們常會看到一段漲勢，就急著想把股票賣掉，結果錯失之後大波段的獲利而後悔嘆氣，而這個機制可以抑制想要賣股的衝動，靜下心來評估與規畫。

何時使用質押？

質押適合用在兩種目標，第一種是殖利率高且財報佳的股票，當股價向上時可以賺價差，或每年可以賺取股息與質押利息之間的價差。第二種是穩定的 ETF，比如高股息或債券型 ETF，因為殖利率通常都比質押的利息高。

在使用股票質押之前，務必先了解其風險，低於股票質押維持率 130％時，會有股票斷頭的危險，因此要隨時注意維持率是否足夠，一旦接到證券公司的通知，就要馬上補足資金。另外也要注意質押公司的財報是否正常，若是公司董事或大股東的股票質押比例過高，便可能會有掏空公司資產的危險。

跟著台積電董事長魏哲家學質押

我會開始運用質押，是在 2022 年 10 月 17 日看到新聞，提到台積電（2330）總裁魏哲家質押 1,600 張股票，讓大家猜測，台積電（2330）股價 386 元是否底部已近？

當時台積電（2330）本益比就要跌破 10 了，股價只有 380 元，魏哲家看好自家公司，但手上沒有更多資金投入，於是質押了 1,600 張台積電股票。是這個新聞讓我決定，跟著魏哲家學質押。

那時我查到魏哲家持有 5,879 張台積電（2330）股票，他設質 1,600 張，設質比率約 27.21％，是台積電（2330）歷來最高層質押公司股票。我繼續研究魏哲家的質押舉動，在當時市場一片不看好之下很令人關注，大家推估質押頂多借出 5～6 成，1,600

破框投資，照著做就能富

張設質可能借到 3～4 億元，若魏哲家真的反手把質押出來的資金加碼在自家公司，那麼股價應該差不多就是接近底部了。

後來再觀察台積電（2330）股價，果然在魏哲家質押後，股價從 370 元扶搖直上，半年後的 2023 年 5 月 1 日，股價漲到 500 元，之後繼續往上攀升。這次經驗也讓我發現，原來老闆質押自己公司的股票，表示看好自己公司未來的發展。

圖表 1-32 台積電（2330）股價走勢圖

台積電（2330）總裁魏哲家因看好自家公司，但苦無資金投入，於是質押上千張股票，股價隨後果然扶搖直上，從 380 元攀升至近 600 元。

（資料來源：TradingView）

掌握安全邊際，質押也是好工具

股市大跌時、景氣不好時，質押績優股可以貸出 6 成現金，讓我們有資金逢低買進，等到大盤上漲時，股票張數變多，獲利也變多。像是我的台積電（2330）經驗，在 2023 年 6 月 6 日參加股東會時持有 15 張股票，但其實我原本只有 10 張，另外 5 張是質押買的，但當股價上漲時，15 張的獲利威力自然比 10 張更令人興奮。

雖然質押跟融資都是向銀行借錢，也有風險，但與其叫大家不要碰，更正向的做法反倒是要求自己，學好相關知識、掌握好安全邊際，因為投資工具沒有好壞，只要能賺錢，都是好工具。

融資會斷頭，非必要別碰

2022 年因為新冠疫情及不斷升息，帶來嚴重的通膨，股市急跌造成「融資多殺多」的狀況，龐大的賣壓再讓股價急跌，形成殺盤不只一波的惡性循環。

融資是 2.5 倍的槓桿，股市大跌時，可能把本金都賠光了還不夠。若被證券員通知必須補倉，否則就要「斷頭」，等於是券商把股票拿去「拋售」，也就是不管股票能賣多少錢，券商都只會掛市價賣出，以求快速拿回現金，這時你的股票就會成為股市中的賣壓。

一般在計算融資維持率時，都是講「整戶擔保維持率」，當

破框投資，照著做就能富

整戶擔保維持率低於 130% 時，券商就會在下午發出追繳令，通常有下列 3 種狀況：

1. 補回 166% 以上，解除融資追繳狀態。
2. 補回 130%～166%，之後若再低於 130% 就必須當日下午補倉，否則隔日直接強制賣出股票（斷頭）。
3. 仍低於 130%，隔日開盤強制賣出股票（斷頭）。

2022 年時我因為融資賠掉千萬，還好當時有做資產配置，趕快認賠砍掉財報較弱的股票，匯款補倉，保住了融資維持率 133%。所以，不要借錢投資，若不幸遇到大跌，就只能拋售股票，除非你知道如何控制風險。

這裡有個讓我領會的小故事。我有個 YouTube 頻道「陳詩慧波段旅程」，採訪知名財務顧問兼講師郝旭烈，主題是「青年安心成家購屋優惠貸款」，討論政府對青年首次購屋的優惠方案。我問郝哥：「房貸只要繳頭期款 2 成，等於是 5 倍的融資，若是 40 年貸款 1,100 萬元，前 5 年只須繳利息，1 個月約繳一萬多元，第 5 年開始才每個月繳三萬多元。感覺這個買房方法好像很棒。」

沒想到對方突然問我：「詩慧，妳能跑 42 公里的馬拉松嗎？」我回答不行，而且就算減少報名費也不會參加，因為我跑不了這麼遠。才剛回答完我就領會了，這個譬喻，讓我一下子就了解，融資前一定要先評估自己的還款能力，就如我知道自己跑不了 42

公里一樣。若要融資,務必先學習融資相關的知識,且計算如果股市大跌,自己是否有還款能力。

中美貿易戰,打亂 2.5 倍槓桿的美夢

只有擁有比借款金額多出很多錢的人,才可以借錢買股票。融資金額的安全水位沒有絕對標準,但可以根據個人風險承受度與市場狀況,建議融資占總投資金額的 20% 以下,是比較安全的做法。

為什麼我會對融資如此小心謹慎,有安全邊際的概念?是因為我曾融資失敗過。2016 年 10 月到 2018 年 6 月的投資獲利翻 5 倍,把 400 萬元變成 2,400 萬元,當時買什麼都賺,讓我頗為自豪,心想既然自己這麼厲害,應該來融資一下,錢會滾得更快。

2018 年雖然大盤指數下跌,但我在上半年仍獲利 1,200 萬元,以為自己很厲害,2 年把 400 萬元滾成 2,400 萬元,便先拿出千萬元還房貸,剩下來的資金開始融資,開 2.5 倍槓桿全力前進,自以為聰明的認為,融資可以讓我在股市的資金維持一樣的水準,繼續獲利。沒想到我錯估了中美貿易戰的嚴重性。

川普為了維護國家利益,在 2018 年 3 月啟動了一連串對中國的貿易關稅制裁。初期市場並不以為意,因為川普一向語不驚人死不休,我也猜測川普只是虛張聲勢,想要嚇唬中國,要他們讓步。但沒想到川普是玩真的,期中選舉之後他變本加厲,對中國出口至美國的商品加徵 25% 的關稅。

破框投資，照著做就能富

控制風險，融資比例不超過 2 成

剛開始美國對中國商品課的關稅只有 500 億美元，後來一路加碼，到 2018 年 10 月時達到 3,000 億美元的驚人數字。敏感的股票市場立刻反應，美股率先大跌，台股也從 2018 年 10 月 1 日的 11,051.8 點開始跌，10 月 11 日萬點失守，2018 年最後一天 12 月 31 日來到最低 9,382.51 點。

美股兵敗如山倒，而亞股跟著美股走勢，樹倒猢猻散。我看著融資股票 2.5 倍的虧損，數字很快來到了千萬，這輩子從沒賠過那麼多錢！一看到股市大跌虧損，我立即斷尾求生，砍掉題材弱勢股，把剩下的資金補進基本面好的股票，例如微星（2377）與聯發科（2454），避免被斷頭。

還好我做對了決定，2019 年股市開始往上。到了 2019 年 12 月，台股來到歷史新高 12,000 點，我的虧損也慢慢回來，甚至開始獲利，跟著台股指數創新高。

這次融資失敗經驗，我開始更加深入研究總經，增加每天的閱讀量，更關注財經大事與總經濟之間的牽動與關聯。也因為前車之鑑，我從此遵守融資最多不超過資金 2 成的原則，及果斷斬倉弱勢股、補齊資金，讓維持率持續維持在 133% 以上。接著便是耐心等待股市反彈，讓時間把虧損的部位補回來。

質押計算範例

質押是以手上持股向銀行或券商抵押借款，因此金融機構通常要求股票質押的維持率不低於130%。維持率算法為：

維持率＝股票市值 ÷ 借款金額 ×100%

我以聯電（2303）為例說明。假設我在聯電（2303）股價為53元時質押3,000股，質押率為60%（常見質押率範圍為40%～60%），股票總市值及借款金額為：

股票總市值：3,000股 ×53元＝159,000元

借款金額：159,000元 ×60%＝95,400元

若質押後聯電（2303）股價有漲跌，都將改變股票市值，進而影響維持率，以下是不同股價下的維持率計算：

股價	股票市值	維持率	狀態
53元	159,000元	166.67%	安全
46元	138,000元	144.69%	警戒
41元	123,000元	128.95%	低於130%，須補繳保證金
38元	114,000元	119.50%	風險高，可能被強制平倉

（接下頁）

破框投資,照著做就能富

當股價下跌至約 41 元時,維持率將低於 130%,若不補繳保證金,就會面臨強制平倉,也就是斷頭的風險。

要計算觸及維持率下限時的股價(即「斷頭價」),可使用以下公式:

斷頭價=(借款金額 × 維持率下限)÷ 質押股數

以範例中的借款金額 95,400 元、維持率下限 130%、質押股數 3,000 股計算:

斷頭價=(95,400 元 ×130%)÷3,000 股 ≒ 41.34 元

因此,當聯電(2303)股價跌至約 41.34 元時,維持率將降至 130%,就該特別注意了。

PART 2
你最不能錯過的投資市場

無法成為他們的員工,那就變成他們的股東。

01 我買美股，
竟從大賠 700 萬元開始

多年來，我都只有投資台股，但我目前的資產中，有一半的資金放在美股，對我來說，投資美股比台股還輕鬆。會轉進美國市場，起源於新冠疫情期間，投資了一檔美國市場的石油 ETF：ProShares 2 倍做多彭博原油 ETF（UCO）。

2020 年過年前，警覺到新冠疫情已蠢蠢欲動要爆發，於是把手上持股全部賣掉。過年後新冠疫情真的來了，股市果然大跌，我很慶幸自己的判斷正確，手上沒有股票，逃過股市大跌的風險。

當時 WTI 原油期貨價格也不斷下跌，從 40 美元一路往 30 美元、20 美元前進，我便自以為聰明的把賣股而來的 720 萬元，分批投入 ProShares 2 倍做多彭博原油 ETF（UCO），想著等新冠疫情結束後，石油價格必將大漲，這是大賺一波的好機會。

為什麼我對石油會如此有自信？是因為我一直都是參考石油價格的高低，來判斷分析總經的狀況，觀察了好多年，知道原油價格大多落在 40～60 美元之間，新冠疫情時大跌到 40 美元以下，想當然是好機會，尤其看到一度只有 20 美元，更是大筆資金投入，越跌越買，不知不覺已買了 25 萬美元。

破框投資，照著做就能富

但原來原油期貨也會跳水，到 2020 年 4 月 21 日，WTI 原油期貨的 5 月合約價竟收在每桶 -37.63 美元。怎麼會是負值？那表示石油公司賣出石油不但沒賺到錢，還要再倒貼給買家。那時 ProShares 2 倍做多彭博原油 ETF（UCO）進入 1：21 的分割，讓這檔 ETF 可以繼續交易，而臺灣市場的石油 ETF 元大 S&P 原油正 2（00672L）則選擇下市，全世界買石油的投資人哀鴻遍野，我也不例外，原以為能賺到大錢，結果竟在短短幾個月內把 720 萬元賠到只剩二十幾萬元，重傷。

我不甘心就這樣賠掉了 700 萬元，開始每晚熬夜觀察原油的價格，研究所有石油相關的新聞，注意中東國家、美國、加拿大等各國產油狀況與新冠疫情局勢，和民生需求是否開始升溫，可以消耗過多的石油。

經過仔細分析，我決定從已還清的房貸中借出 250 萬元背水一戰。當確定原油價格開始逐步穩定，WTI 原油期貨價格上升到 12 美元時，我把 250 萬元換成 8.5 萬美元，全部再挹注在 ProShares 2 倍做多彭博原油 ETF（UCO）上。2 個月內，WTI 原油期貨價格回升到 40 美元，在虧損的 700 萬元一賺回來，我就趕快把這檔 ETF 出清。

這次石油災難，讓我對總經的不可預測有了更深刻的認識，也對天災人禍更加敬畏，更重要的是，體驗到這種期貨槓桿型股票實在太投機，當時道瓊工業平均指數只有 26,000 點，便決定把從石油 ETF 賺回的錢投入美國市場，進軍美股。

PART 2　你最不能錯過的投資市場

圖表 2-1　石油及 ProShares 2 倍做多彭博原油 ETF（UCO）價格變化

UCO

石油價格

2020 年 4 月石油價格出現負值，UCO 股價也跟著跳水

2020 年 4 月石油價格出現負值，UCO 股價一蹶不振，臺灣市場的石油 ETF 更選擇下市。

（資料來源：TradingView）

02 找與臺灣高度連動的產業

　　還記得投資第二項金律嗎？既然要從美股產業動向觀察台股市場選股，何不連同美股一起買？而且，投資美股還有一個很重要的利多，即是依照臺灣法規，投資美股、美股ETF、海外債券等賺得的收入（包括資本利得、股票股利、債券利息）都屬於海外所得，只要海外所得在100萬元以下就無須申報，不計入基本所得額；若海外所得超過100萬元，但基本所得額未超過750萬元，無須繳納基本稅額（基本稅額計算為〔基本所得額－750萬元〕×20％）。因此除非美股的投資額很大、獲利很多，不然通常不會被課所得稅。

　　我一開始投入美股，選擇了蘋果（AAPL）、微軟（MSFT）、波音（Boeing，美股代號BA）、超微（AMD），2022年AI概念股興起，又換股成輝達（NVDA）、超微（AMD）、字母控股（GOOGL）及特斯拉（Tesla，美股代號TSLA）。到現在4年來，隨著道瓊工業平均指數來到四萬多點，獲利已超越預期。

　　投資美股比台股容易，且獲利成數較高，因為美國是全世界第一大經濟體，臺灣股市、出口、產業發展都跟著美國走。根據

破框投資，照著做就能富

經濟部國際貿易署統計，2024 年臺灣對美國出口 1,113.6 億美元，創歷史新高，並且較 2023 年成長 46.1%。以圖表 2-2 出口份額來看，臺灣對美國的出口占比自 2016 年的 12%，到 2024 年前 10 個月已上升至 23.8%。由此可知，臺灣對美國的出口比重逐月快速上升，兩國市場的熱門題材自然連動性也高。

然後觀察出口值裡，看哪個產業成長最多，跟著財政部產業分析走就對了。我國對美國出口電子相關產品日益增加，2024 年出口額達 879.8 億美元（占整體出口之 79%），較 2023 年成長 67.8%，其中出口成長力道最大者為電子零組件（+92.4%），其

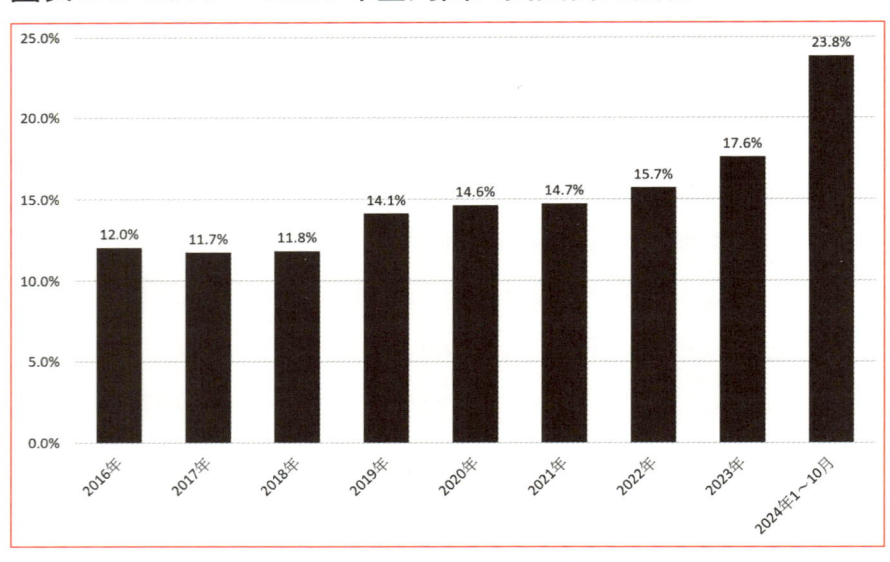

圖表 2-2　2016 ～ 2024 年臺灣出口美國占比變化

年度	占比
2016年	12.0%
2017年	11.7%
2018年	11.8%
2019年	14.1%
2020年	14.6%
2021年	14.7%
2022年	15.7%
2023年	17.6%
2024年1～10月	23.8%

（資料來源：行政院經貿談判辦公室）

次為資通與視聽產品（+81.5％）。

由上可知，對美出口最多的，是資通與視聽產品以及電子零組件，也就是 AI 相關概念股，因此對美股的投資，可以專注在這兩個產業。

我們從第 76 頁的圖表 1-19「2025 年 1～3 月臺灣主要貨品別出口值及占比」可以知道，資通與視聽產品也就是 AI 概念股持續增加，2024 的出口值比 2023 年成長 59％，而 2025 年 1～3 月出口的資通與視聽產品，比 2024 同期持續大幅增長 42.33％，可預期未來 3 年將持續是 AI 年。

圖表 2-3　2024 年 4 月～2025 年 3 月各月對美出口值及年增率

月份	出口值	年增率
2024年4月	101.5	81.6%
2024年5月	82.8	36.4%
2024年6月	90.5	74.4%
2024年7月	114.5	70.1%
2024年8月	118.8	78.4%
2024年9月	87.8	27.2%
2024年10月	86.5	20.5%
2024年11月	86.5	10.6%
2024年12月	98.4	15.9%
2025年1月	84.5	0.6%
2025年2月	117.7	65.5%
2025年3月	127.5	39.8%

（資料來源：財政部）

破框投資，照著做就能富

　　因此我不僅台股選擇 AI 概念龍頭股，美股選股也一致，兩個市場的上、中、下游財報一起比對，一起確認新聞消息的正確性，例如我會觀察輝達（NVDA）、超微（AMD）的財報，若它們的財報表現不佳，會連動至臺灣的台積電（2330）、緯創（3231）、廣達（2382）、鴻海（2317）也都會不好。這個做法可以省時、有效率，把時間和心思專注在觀察更多的細微之處，發掘更多可以提高獲利的地方。

03 在臺灣買美股,有兩種方法

要在臺灣買美股,有兩種方式:複委託與海外券商開戶。

海外券商開戶顧名思義,是直接在海外券商開設交易帳戶,直接透過海外券商交易股票。目前主流海外券商如 Firstrade、TD Ameritrade 等,都可以直接線上開戶,並設有中文化介面,開戶、交易等流程已經簡單許多,且多數券商不收取手續費。

海外券商開戶較不便的是,若遇到問題,必須自行與客服人員接洽,來回流程會較耗時、麻煩,像是稅務問題、遺產處理等,都必須自行申報和處理流程,和需要花時間去了解。另外,使用海外券商必須自行將資金匯至券商的海外帳戶,會產生額外的匯費,每一筆電匯手續費落在 800～1000 元不等;買進美國股票、ETF 等,只要有配發現金股利,也都需繳納 30% 的現金股利稅。

我買美股是選擇複委託,其全名為「證券商執行受託買賣外國有價證券」,簡單來說,就是投資人委託臺灣券商、臺灣券商再委託美國券商進行下單,券商會額外收取複委託手續費作為服務費用。如果投資人原先就有投資台股,國內券商多數也會提供複委託服務,手續相對簡便且無語言隔閡。

複委託還有下列幾項優點：

1. 時間效率性：臺、美兩個市場的資金必須快速移轉，才能取得獲利的先機，比如當輝達（NVDA）漲多賣出後，資金要快速轉入台股市場運用，複委託便能縮短資金轉換的時間。
2. 透過熟悉的國內券商直接下單，心理上較為安心。
3. 可以省下海外電匯、匯差等成本。
4. 若投資人不幸身故，國內券商還可協助處理遺產問題。
5. 使用複委託投資美股，交易成本只有30%的股息稅以及券商手續費，買賣股票的資本利得則無須扣稅，也不必支付資金電匯的成本。

但複委託也有缺點，其中大家最在乎的應該就是手續費。目前複委託手續費跟台股手續費差不多，約為成交價金的0.1%～1%，有些券商設有最低手續費門檻，大約落在15～100美元，但也有不少券商已經拿掉最低門檻限制。

另一項弱勢是，投資標的沒有海外券商那麼多元，但大部分熱門股應該還是都能買到。此外，複委託無法融資融券，也無法做空，不利於短線交易者，但對長期投資如我就不受影響。

股票獲利，最重要的是選對時機

前面提到複委託的其中一個優點是時間效率，我深有所感。

圖表 2-4 複委託與海外券商比較

	複委託	海外券商
開戶便利度	高，依照國內券商指示	低，須自行開戶
手續費	0.15%~1% 低消：15~50 美元不等 （依各國內券商議定）	多數 0 手續費，部分券商僅收保管費
匯費	無	約 0.05% （依各匯出銀行規定）
金融監管	受國內主管機關監管	須自行申訴
可投資市場	較多（包含美、英、日和港等地）	多以美股市場為主，少數可投資其他國家市場
稅務	國內券商主動協助退稅	美股現金股利，預扣 30% 股利所得稅；遺產稅依美國稅法規定課稅

（資料來源： Money101）

2024 年因為美國總統大選，我評估美國股市比較有潛力，也確實發現美股比台股漲得更快、不斷創新高，於是把投資分配從 3 成拉高到 5 成，在週一賣掉台股獲利的股票與 ETF，週三變現進入戶頭後，用券商的 App 轉換成美元，當天晚上就買進美股的輝達（NVDA）、特斯拉（TSLA）。美股、台股資金轉換迅速有效率，就是我愛用複委託的主因，手續費與獲利時效性兩相權衡，還是獲利的吸引力比較大。

04 我鍾愛的美股七雄

我選擇美股的訣竅有 3 個步驟：評估美股七雄（Magnificent 7）、從中挑出會分割的股票，再跟隨我欣賞的企業領導者，買他／她公司的股票就對了。這 4 年來，我都是根據這美股七雄，分析其財報與未來潛力，選擇要的股票。

美股七雄有微軟（MSFT）、蘋果（AAPL）、輝達（NVDA）、字母控股（GOOGL）、Meta（META）、亞馬遜（AMZN）以及特斯拉（TSLA）。這 7 家公司的股票總市值在 2024 年首度超過 15 兆美元，若依美國 2023 年 25.44 兆美元的 GDP 規模計算，七雄市值占美國 GDP 達到 58.9％以上。

過去 12 個月當中，美股七雄股價合計上漲超過 60％，而標普 500 指數成分股其餘 493 檔，總股票市值只漲了約 20％；且在標普 500 指數 6.21 兆美元的市值增長中，這 7 檔市值龐大的美國科技股便貢獻了 4.18 兆美元。

美股七雄的市值在標普 500 指數當中占比超過 3 成，非常可觀，也意味著，標普 500 指數已經無法完全代表美國整體股市，因為這 7 檔股票擁有巨大影響力。不過，這種巨大影響力並不會

破框投資，照著做就能富

永遠持續下去，網路科技股也曾像現在的 AI 概念股一樣站在顛峰，但在 2000 年泡沫化之後，只有微軟（MSFT）從那次泡沫中復甦，昔日冠軍思科（CSCO）和英特爾（INTC）已落後許多。

英特爾（INTC）曾經是電腦微處理器（Central Processing Unit，簡稱 CPU）的霸主，還記得我在英國念書時，因為採用英特爾（INTC）CPU 的筆電很貴買不起，只能買搭載超微（AMD）CPU、比較便宜的型號。

那時英特爾（INTC）股價漲至歷史新高 75.83 美元，而超微（AMD）股價只有 1 美元左右，如今風水輪流轉，超微（AMD）2025 年 5 月 9 日股價來到了 102.84 美元，英特爾（INTC）則只剩 21.42 美元。

2024 年第 2 季度是英特爾（INTC）財報虧損嚴重階段，虧損達到 16 億美元，遠超過前一季度虧損的 4.37 億美元，裁員了 15,000 人。2025 年至今股價仍落後半導體族群，2025 年 4 月 24 日盤後發布 2025 年第 1 季財報，市場預估營收在 112 ～ 127 億美元，調整後每股盈餘約持平至 0.01 美元。

選擇會分割的股票，代表未來獲利好

股票分割是指公司把每一股拆成多股，使單股面值（股價）變小，但總市值與持股比例不變，常見的分割比例有 2-for-1（1 股拆成 2 股）、3-for-1（1 股拆成 3 股）、10-for-1（1 股拆成 10

美股七雄

美股七雄指的是美國股市中 7 家市值最大、科技創新領先，並且對股市整體影響力極大的科技巨頭公司。由於市值改變，排行榜會變動，目前（2025 年 5 月）的排名是：

1. 蘋果（AAPL）
2. 微軟（MSFT）
3. 亞馬遜（AMZN）
4. 輝達（NVDA）
5. 字母控股（GOOGL）
6. Meta （META）
7. 特斯拉（TSLA）

這些公司共同的特點包括：在各自領域中具有主導地位，如人工智慧、雲端運算、電動車、電子商務等；擁有強勁的成長潛力與大量資本；對於標普 500 指數與那斯達克指數的漲跌有重大影響。

美股七雄這個名詞，也可視為是對過去「FAANG」（按：包含臉書、蘋果、亞馬遜、網飛及谷歌，以各公司名稱首字母組合而成）的延伸，但其中網飛被替換出局，新加入了輝達（NVDA）、微軟（MSFT）和特斯拉（TSLA），更符合當前市場格局。

股）等。

比方說，輝達（NVDA）於美國時間 6 月 10 日正式將 1 張股票拆成 10 張，每張價格以 6 月 7 日（6 月 10 日的前一個交易日）

破框投資,照著做就能富

的收盤價 1,208.88 美元除以 10 變成 120.8 美元,6 月 10 日收盤價則為 121.79 美元,折合新臺幣約 3943.96 元,代表只要新臺幣 4000 元,就能成為輝達(NVDA)股東。

選擇有股票分割紀錄的股票,是因為若長期投資,公司市值會因股票分割而變大,獲利也會跟著放大。輝達(NVDA)、蘋果(AAPL)、特斯拉(TSLA)、字母控股(GOOGL)及亞馬遜(AMZN)這 5 檔,都是曾有股票分割紀錄,其中輝達(NVDA)、蘋果(AAPL)及特斯拉(TSLA),我就享受過因分割而更加亮眼的報酬率。

圖表 2-5　近年大型美股股票分割計畫

公司名稱	分割日	分割計畫	分割前股價	宣布日至分割日漲跌幅
蘋果(AAPL)	2020 年 8 月 31 日	1:4	499.23 美元	30%
特斯拉(TSLA)	2020 年 8 月 31 日	1:5	2213.4 美元	61%
	2022 年 8 月 24 日	1:3	891.29 美元	3%
輝達(NVDA)	2021 年 7 月 20 日	1:4	751.19 美元	21%
	2024 年 6 月 7 日	1:10	1,140.59 美元	—
亞馬遜(AMZN)	2022 年 6 月 06 日	1:20	2,447 美元	-12%
谷歌(GOOGL)	2022 年 7 月 18 日	1:20	2,234.82 美元	-19%

蘋果（AAPL）

我在蘋果（AAPL）2020 年股票分割前、股價約 380 美元時進場，2020 年 8 月 31 日它以 1：4 的比例分割，當時分割後的股價大約 125 美元。從 2020 年 8 月 31 日到現在已將近 5 年，2025 年 5 月 9 日蘋果（AAPL）股價已來到 198.53 美元，比當初分割時多了 58.4％，再加上配息，每年平均報酬率有 12％～ 15％，非常亮麗。

輝達（NVDA）

2023 年 10 月我開始投資輝達（NVDA），因為看好 AI 概念股興起，我一有資金就換成美元布局，在股價四百多、六百多及八百多美元時分批買進。2024 年 6 月 7 日輝達（NVDA）以 1：10 分割，分割後股價 114 美元，到現在快 1 年時間，其股價為 116 美元。原本股價已漲近 3 成，但因為美國管制晶片出口中國，導致各家晶片製造商股票大跌，不過 AI 概念股與輝達（NVDA）財報都仍持續看好。

特斯拉（TSLA）

我在 2023 年 10 月開始買特斯拉（TSLA），均價約 220 元。特斯拉（TSLA）可以一天漲 25％，也可以一天跌 25％，其大漲大跌的特質，非常適合波段操作。我相信執行長伊隆・馬斯克（Elon Musk）跟前任蘋果執行長史蒂夫・賈伯斯（Steve Jobs）

破框投資，照著做就能富

一樣，都是創造市場需求的人，若未來要買電動車，我也會非特斯拉莫屬，所以只要特斯拉（TSLA）大跌就買進。

這兩年來特斯拉（TSLA）沒什麼漲，但在馬斯克公開挺川普、降息，再加上川普勝選，特斯拉（TSLA）股價在兩週內飆漲了50％。這讓我想到竹北高鐵周邊的房價，儘管10年都不漲，但一漲就是5年漲3倍，而會分割的股票就跟好地段的房子一樣，雖然長期不漲，但其實它在蘊釀動能與底氣，只要抱得夠久，一定豐收。

從領導者看公司未來潛力

我的另一個獨門訣竅，是「領導者選股」，輝達（NVDA）的執行長黃仁勳、特斯拉（TSLA）的馬斯克、蘋果（AAPL）的賈伯斯、超微（AMD）的執行長蘇姿丰，這四位都是我最喜歡的領導者，我也都有他們的股票。

賈伯斯：創造需求、引領需求

賈伯斯可說是我最崇拜的人，我也是最忠實的「果粉」，他創造出更便利的行動裝置，從iPhone、iMac、Macbook Air到AirPods，每一項都是劃時代的代表，引領著我成長與前行。

賈伯斯留下的「科技 × 設計 × 人文」創新方法論，讓蘋果在他離開十多年後，仍能持續推出具顛覆性的產品，維持全球最

高毛利與品牌忠誠度,而現任執行長提姆・庫克(Tim Cook)持續推進 iPhone 世代、Apple 晶片(Apple Silicon)、可穿戴與空間運算等,將營收規模從他 2011 年上任時的 1,080 億美元,擴大 4 倍至 2024 年 4,200 億美元,市值突破 3 兆美元,相信未來可期。

馬斯克:實現人類的夢

繼賈伯斯之後,我覺得另一個狂人應該就是馬斯克,他實現人類的夢想,把不可能變成可能,比方說自駕車、機器人、SpaceX 星鏈計畫,把人類送到火星,這些都是很瘋狂的創意,我也希望他能成功。

黃仁勳:創造 AI 生態系

我會持續看好臺、美兩國 AI 產業的一個重點,是黃仁勳提出的「未來工廠」概念,而且他與臺灣的製造廠商一起合作,將生成式 AI 實體化,最直接應用場景在製造業,將讓半導體廠不需工程師徹夜看顧生產線,還能解決缺工問題。

目前黃仁勳正在建立他的下一道護城河,是以多重宇宙「Omniverse」為核心的 AI 生態系,AI 機器人與智慧製造是他的第一步。AI 工廠讓世界需要更多的運算力,黃仁勳讓臺灣廠商為他供應材料,未來也會是他的客戶與 AI 機器人平臺的使用者。

破框投資，照著做就能富

蘇姿丰：超微轉型大功臣

　　蘇姿丰是超微（AMD）史上第一位女性執行長，在她的領導之下，超微（AMD）選擇鞏固核心產品優勢，從 2 美元的水餃股，成功轉型成為能與輝達（NVDA）互相競爭的對手，讓我非常崇拜，所以我從 2020 年 8 月股價只有 50 美元左右就買進，一直放到現在。

圖表 2-6　超微（AMD）股價走勢圖

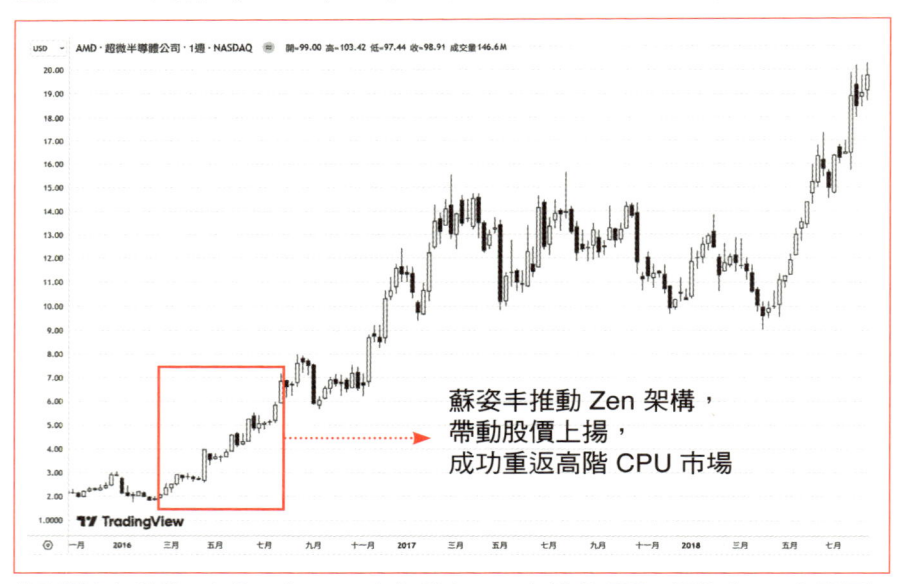

蘇姿丰推動 Zen 架構，
帶動股價上揚，
成功重返高階 CPU 市場

蘇姿豐上任總裁 1 年後，在 2016 年初推出 Zen 架構處理器，超微（AMD）股價短短 5 個月從約 1.83 美元飆升至近 6 美元，增幅超過 3 倍，拯救了超微（AMD）的市場地位。

（資料來源：TradingView）

PART 2　你最不能錯過的投資市場

　　超微（AMD）與輝達（NVDA）都在打造 AI 生態圈，我相信有蘇姿丰與黃仁勳在美國的鋪路，更能鞏固臺灣科技島的國際地位。現在超微（AMD）與輝達（NVDA）攜手生態系統領域內的強大合作夥伴，幾乎都是臺灣廠商，讓臺灣的出口值不斷創新高，連 18 紅。這也是為什麼我在美股投資裡，如此強調輝達（NVDA）與超微（AMD）的重要性。

圖表 2-7　輝達（NVDA）股價走勢圖

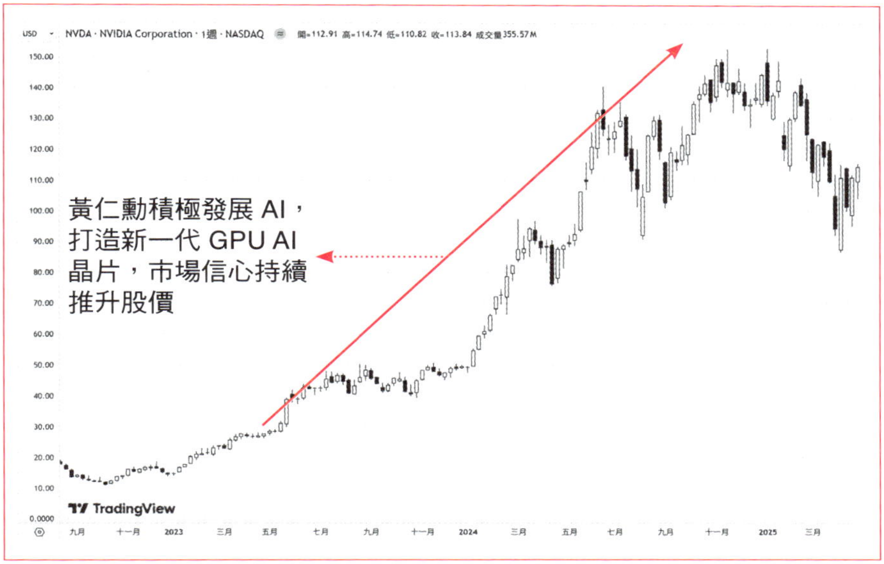

黃仁勳積極發展 AI，打造新一代 GPU AI 晶片，市場信心持續推升股價

輝達（NVDA）2023 年 5 月時在財報中預測下一季營收將達 110 億美元，遠超市場預期，股價即從 31 美元開始攀升，單日飆升近 25％，市值增加超過 2,000 億美元。

（資料來源：TradingView）

155

圖表 2-8 蘋果（AAPL）股價走勢圖

蘋果執行長庫克正式發表 Apple Silicon 處理器後，股價立即起漲

蘋果（AAPL）在 2020 年 6 月宣布 Mac 系列將採用自家設計的 Apple Silicon 處理器，11 月推出首款搭載 M1 晶片的 MacBook 系列，市場反應熱烈，股價迅速上漲至歷史新高。

（資料來源：TradingView）

05 分割股票的三大利多

根據美國銀行全球研究（BofA Global Research）的統計，**分割股票的公司，股價平均在分割後 12 個月上漲 25%，遠高於同期大盤指數的 12%**。但許多公司會因股價快速上漲而分割股票，因此漲幅高過大盤的原因，可能不是股票分割，而是公司本身的基本面強勁，這樣就算沒有分割股票，股價漲幅也會超越大盤。

分割之後股票都會往上漲嗎？我們用蘋果（AAPL）、輝達（NVDA）及特斯拉（TSLA）的實例驗算看看。

蘋果（AAPL）於 2020 年 8 月 31 日以 1：4 比例分割，分割前 2020 年 9 月 1 日股價為 115.81 美元，分割後 2024 年 11 月 8 日股價已漲至 226.96 美元，分割後 4 年漲幅 95.97％（〔226.96 － 115.81〕÷115.81），平均 1 年的漲幅為 24％。

而同時的道瓊工業指數分別為 2020 年 9 月 1 日 27,781.75 點、2024 年 11 月 8 日 43,988.99 點，4 年的漲幅只有 58.33％（〔43,988.99 － 27781.75〕÷27,781.75），平均 1 年漲幅 14.6％。由以上分析可知，蘋果（AAPL）分割之後，4 年來的漲幅勝過大盤 37.64％。

圖表2-9 蘋果（AAPL）股票分割後股價及道瓊工業平均指數變化

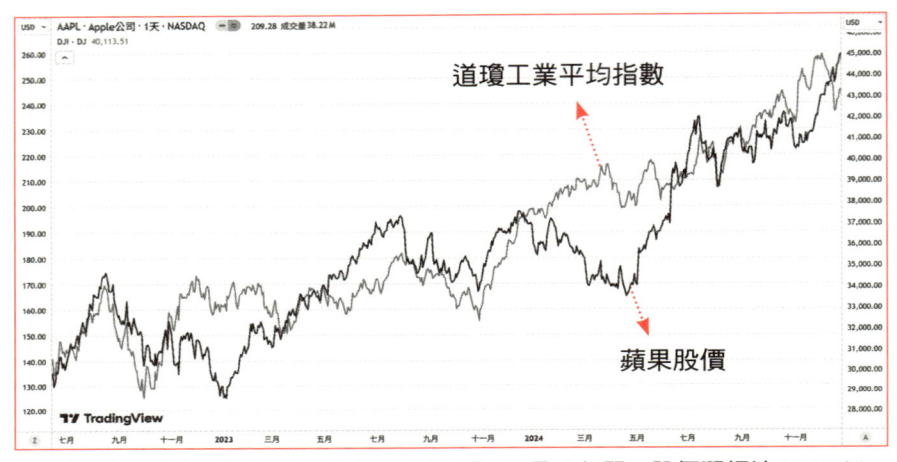

蘋果股票分割後，從 2020 年 9 月至 2024 年 11 月 4 年間，股價漲幅達 95.97％，同期道瓊工業平均指數漲幅只有 58.33％。

（資料來源：TradingView）

圖表2-10 輝達（NVDA）股票分割後股價及道瓊工業平均指數變化

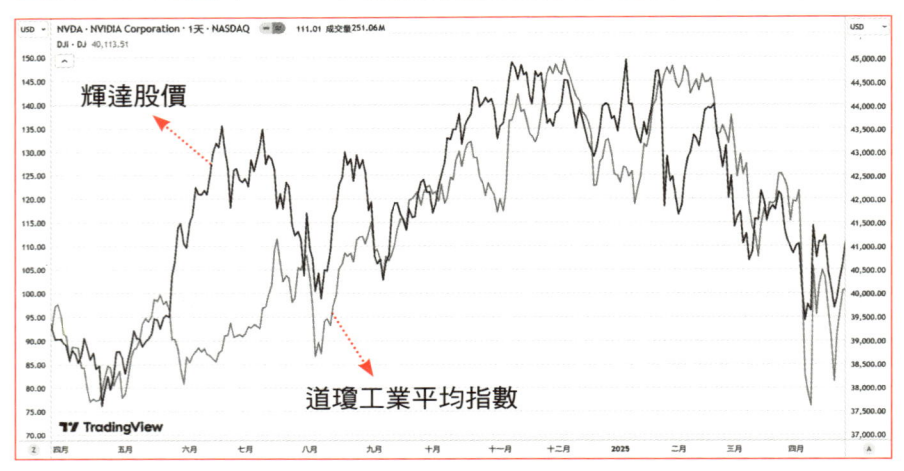

輝達（NVDA）於 2024 年 6 月 7 日以 1：10 分割股票，5 個月後股價上漲 29.5％，但同期道瓊工業平均指數漲幅不及輝達（NVDA）的一半。

（資料來源：TradingView）

再看輝達（NVDA）的例子。它於 2024 年 6 月 7 日以 1：10 分割，分割前的股價為 2024 年 6 月 7 日 114 美元，分割 5 個月後股價來到 147.63 美元，漲幅 29.5%（〔147.63－114〕÷114），而道瓊工業平均指數在這段時間從 38,798.99 點漲到 43,988.88 點，一共漲了 13.37%，漲幅不及輝達（NVDA）的一半。

特斯拉（TSLA）於 2022 年 8 月 24 日、股價 265.25 美元時以 1：3 分割，分割後 2024 年 11 月 8 日股價來到 321.22 美元，漲幅達 21.1%（〔321.22－265.25〕÷265.25）。而道瓊工業平均指數在這 2 年 2 個月期間，從 32,151.71 點漲到 43,988.88 點，一共漲了 36.8%，勝於特斯拉（TSLA）。

圖表2-11 特斯拉（TSLA）股票分割後股價及道瓊工業平均指數變化

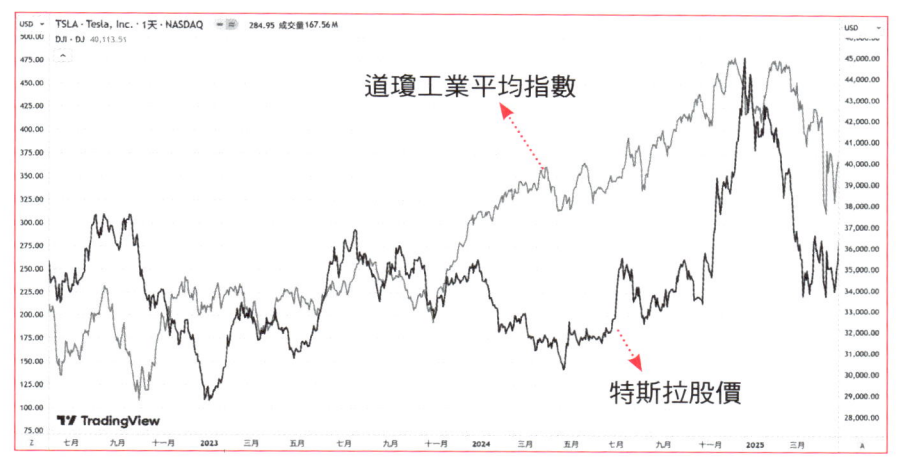

特斯拉（TSLA）於 2022 年 8 月 23 日、股價 265.25 美元時，以 1：10 分割股票，2 年 2 個月後股價漲幅 21.1%，而同期道瓊工業平均指數漲幅 36.8%，贏過特斯拉（TSLA）。

（資料來源：TradingView）

分割股票有三大利多

從前面三個例子可知,股票分割後,漲幅不一定都能贏過大盤,但只要公司基本面良好,往往都會伴隨短期股價上漲而持續拉動,帶來正面的股價影響。但若基本面有問題,分割後的股票價值可能不會成長,股價反而還會越跌越慘。

分割股票能帶動股價,是因為會產生三大利多:第一是,股票分割通常視為向投資者傳遞公司事業成長、前景可期的訊號,或者暗示公司盈餘有成長等利多消息;第二是在外流通股數會變多,每股的股價變低後,能讓更多人有資金投入,股東數因而增加,降低被惡意收購的風險。第三項利多則是,股票分割通常是公司股票價格太高,藉由股票分割使得股價降低,能促進發行新股的可能性,或增加被併購公司的吸引力。

美國公司很常分割股票,亞馬遜(AMZN)、蘋果(AAPL)、特斯拉(TSLA)、輝達(NVDA)和字母控股(GOOGL)這些高股價的公司,都會選擇在市場流動性好時進行分割,更容易吸引投資人的關注,也代表企業看好未來發展及市場狀況。

輝達(NVDA)已分割過 6 次股票,將最初的 1 股拆成 480 股;微軟(MSFT)總共分割過 9 次,將 1 股拆成 288 股;亞馬遜(AMZN)分割過 4 次,將 1 股拆成 240 股;字母控股(GOOGL)分割過 3 次,將 1 股拆成 40 股。

蘋果(AAPL)2020 年的股票分割,已是第 5 次,假如有投

資人在 1987 年第 1 次分割前就已經持有，且一直抱到現在都沒賣出，經過 5 次分割後，當初的 1 股會變成 224 股，等於是 200 倍的奉還了。

圖表 2-12 蘋果（AAPL）歷年股票分割紀錄

日期	分割內容	分割後累積股數
1987 年 6 月	1 股分為 2 股	2 股
2000 年 6 月	1 股分為 2 股	4 股
2005 年 2 月	1 股分為 2 股	8 股
2014 年 6 月	1 股分為 7 股	56 股
2020 年 8 月	1 股分為 4 股	224 股

圖表 2-13 輝達（NVDA）歷史股票分割紀錄

分割日期	分割比例	分割後累積股數
2000 年 6 月 27 日	1 股分為 2 股	2 股
2001 年 9 月 12 日	1 股分為 2 股	4 股
2006 年 4 月 7 日	1 股分為 2 股	8 股
2007 年 9 月 11 日	2 股分為 3 股	12 股
2021 年 7 月 20 日	1 股分為 4 股	48 股
2024 年 6 月 27 日	1 股分為 10 股	480 股

06 平時幾乎不看美股的盤

投資美股感覺很遠、很複雜，但我必須說，美股其實是最簡單的投資市場。因為你投資的標的，都是耳熟能詳的公司，常會在報章雜誌、電視媒體看到它們的消息與財報，全世界經濟命脈繞著它們運行。

除了蘋果（AAPL）、亞馬遜（AMZN）、輝達（NVDA）、Meta（META）、微軟（MSFT）、超微（AMD）、特斯拉（TSLA）這些高科技公司，還有可口可樂（Coca Cola，美股代號 KO）、麥當勞（McDonalds，美股代號 MCD）、星巴克（Starbucks，美股代號 SBUX）等，都已經在我們生活周遭。這些都是市值很大的公司，幾乎每天都能看到他們的新聞，且財報清楚，無須再花時間去了解產業鏈上、下游的關係，或是研究相關題材，了解公司狀況的門檻相對低。

此外，美股是全世界經濟最重要的地方，因此全球景氣復甦時，美股一定是第一個漲多的地方，但反之亦然，當不景氣時，美股的下跌速度也比誰都快，而且須記住的是，美股沒有漲跌幅限制。2024 年美國總統大選，馬斯克公開挺川普，川普確認當選

破框投資,照著做就能富

一週內,特斯拉(TSLA)股價從 220 美元漲到 329 美元,1 天可以漲 22%;但早在 2022 年時,特斯拉(TSLA)也因 Cybertruck 車款無法如預期出貨,暴跌 22% 過。

長期來看,美國股市是向上發展的,每次大跌之後,總能再回到前次波段的高點,甚至再創新高。我從 2020 年 8 月開始投資美股,當時道瓊工業平均指數約在 26,000 點,到現在已經來到 44,000 點,所以我幾乎不看美股的盤,就算美國市場在半夜開盤我也安心睡覺,只有在獲利太多想賣掉時才會看盤。

圖表 2-14 道瓊工業平均指數(DJI)走勢圖

美股長期向上發展。我從 2020 年 8 月開始投資美股至 2025 年初,DJI 漲幅已近 70%。

(資料來源:TradingView)

美股較難被法人大戶操控炒作

台股因為公司市值比較小，資本額幾億元或幾十億元的公司很多，比較容易被人為操控，比如外資、投信或是大戶。所以常看到資本額小的股票，只要跟上熱門題材，既使沒有什麼獲利，也能不斷的漲停，然後跌停。

美股公司的市值大，像是輝達（NVDA）、蘋果（AAPL）、微軟（MSFT），市值都超過 3 兆美元，字母控股（GOOGL）、

圖表 2-15　台積電美股（TSM）與台股（2330）股價走勢圖

臺灣護國神山台積電（2330）也在美國掛牌上市，小資族可在美股市場一股一股的小額買進，兩市場的股價走勢一致。

（資料來源：TradingView）

破框投資,照著做就能富

亞馬遜(AMZN)、特斯拉(TSLA)也都是上兆美元市值,很難被人為炒作。只要是資金面穩定的好公司,長期累積下來的報酬會很可觀。

此外,全球各產業龍頭幾乎都會在美國上市,像是臺灣的台積電(2330)也有在美國掛牌,美股代號為 TSM,所以在美國市場也能買到台積電(TSM),而且可以一股一股的小額買進,對小資族反而是更棒的選擇。

若大家擔心個股有風險,可以買美股指數型 ETF,比如

圖表 2-16 美股指數型 ETF 成分股一覽

ETF 名稱及代號	SPDR 標普 500 指數 ETF(SPY)		iShares 核心標普 500 指數 ETF(IVV)	
成分股及占比	微軟	6.71%	微軟	6.69%
	蘋果	6.40%	蘋果	6.38%
	輝達	5.81%	輝達	5.80%
	亞馬遜	3.72%	亞馬遜	3.71%
	META	2.71%	META	2.70%
	波克夏 B 股	2.05%	波克夏 B 股	2.05%
	字母控股 A 股	1.98%	字母控股 A 股	1.98%
	博達	1.98%	博達	1.97%
	特斯拉	1.67%	特斯拉	1.66%
	字母控股 C 股	1.63%	字母控股 C 股	1.62%

SPDR 標普 500 指數 ETF（SPY）、iShares 核心標普 500 指數 ETF（IVV）、Vanguard 標普 500 指數 ETF（VOO）、Invesco 那斯達克 100 指數 ETF（QQQ）、Vanguard 整體股市 ETF（VTI），或是跟著巴菲特的波克夏公司（Berkshire Hathaway，美股代號 BRK.B）。

美股對我來說，是運用投資八大金律中的第一項與第二項基礎，從 2020 年 8 月至今，我的獲利已經超過翻倍，但花費的時間大約只有台股的一半，CP 值很高。

Vanguard 標普 500 指數 ETF（VOO）		Invesco 那斯達克 100 指數 ETF（QQQ）		Vanguard 整體股市 ETF（VTI）	
蘋果	7.02%	微軟	8.73%	蘋果	6.18%
微軟	5.87%	蘋果	8.32%	微軟	5.17%
輝達	5.58%	輝達	7.54%	輝達	4.65%
亞馬遜	3.77%	亞馬遜	5.43%	亞馬遜	3.36%
META	2.65%	博達	4.26%	META	2.34%
波克夏 B 股	2.05%	META	3.53%	波克夏 B 股	1.75%
字母控股 A 股	1.90%	網飛	3.28%	字母控股 A 股	1.67%
博達	1.65%	好市多	2.97%	博達	1.45%
字母控股 C 股	1.55%	特斯拉	2.82%	字母控股 C 股	1.35%
特斯拉	1.53%	字母控股 A 股	2.58%	特斯拉	1.31%

PART 3
買 ETF，
比光存股更有效率

買 ETF 如同穿著救生衣浮潛，
有投信選股保護著，
一缸子好股票，定期汰換。

01 投資 ETF 該有的致富心態

資產配置是累積財富最好的方法，股票的風險高，因此，從股市獲利的錢，一定要放在風險較低的投資工具，財富才能不斷增加。所以我把股票的獲利，拿來買 ETF、繳房貸、創業、做多元規畫，讓我的生活更有趣。

先鋒領航集團（The Vanguard Group）是美國最大的基金管理公司之一，其創辦者約翰‧柏格（John Bogle），也是 ETF 指數型基金的發明者，被譽為「指數型基金教父」。

柏格在大學畢業論文的研究發現，絕大多數投資者和基金經理人，都無法持續戰勝市場。既然如果無法戰勝市場，為何不直接擁有整個市場？於是他在 1975 年推出全球第一個指數型共同基金「先鋒 500 指數基金」（Vanguard 500 Index Fund）。

所謂共同基金，就是把錢投資在某個市場指數，例如那斯達克、道瓊工業指數、黃金指數等，基金管理者會用這些資金買入這個指數裡所有的股票或債券。如此一來，投資人就像買了整個市場的一小部分，大盤漲，指數型基金就會漲。

臺灣 ETF 的誕生，讓我們不用再看外資的臉色，就算這 5 年

破框投資，照著做就能富

來外資賣超台股，但因為投信發行 ETF 檔數持續增加，且績效獲利看得見，讓大家願意解定存買 ETF，經過 2024 年的強飆，現在台股 ETF 受益人數已超過千萬。

接下來，我將一步一步教大家，首先了解投資 ETF 該有的致富心態，再來挑選最適合自己的 ETF，並且分享我如何每個月檢視手中 ETF 的績效。

你是樂觀派還是保守派？

根據個人特質，每個人都會有適合自己的投資工具。有的人天生較正向、樂觀，沒有危機意識，但也比較不怕輸，敢於勇往直前，即使投資賠錢，也比較能承受衝擊。有些人則容易陷入負面情緒，因為他們會把注意力放在問題上，因此小心謹慎，比較保守，但也較會力求進步。

這就是我們在投資上說的保守型跟樂觀型。看看下面兩個歷史人物，覺得自己跟誰比較像，就可以知道在投資上是保守派，還是樂觀派。

宋朝有名的政治家范仲淹曾說過：「先天下之憂而憂，後天下之樂而樂。」也就是說，他總是比別人容易操心、擔憂，凡事先想到糟糕的一面。他把這種情緒本質發揮在關心國家大事上，反而成為一個傑出的政治家。

同樣在宋朝，還有一位著名的文人蘇東坡，他天生樂觀開朗，

常常將快樂散播給周遭的朋友，即使碰到挫折還能自我消遣。據傳當年蘇東坡被貶到湖北黃岡時，由於當地豬肉多而價廉，但肉質較硬不好吃。精於烹飪的蘇東坡，將當地視為便宜貨的豬肉烹調成美味紅燒肉，這就是東坡肉的由來。

樂觀派的投資者，以我自己為例，可以把8成資金放在個股，2成放在ETF；而保守派的投資者，則可以把ETF的比例提高至8～9成，甚至是全部。

明牌就像路邊野花，會毀掉辛苦栽培的玫瑰

我常形容權值股、金融股、ETF是老婆型股票，因為公司基本面穩定，適合存股，會對股東不離不棄，就像台積電（2330），而明牌則是路邊的野花，一不小心就會毀了自己辛苦栽培的玫瑰。

新冠疫情時航運股很紅，我有個朋友在2021年便當起了航海王。她每天中午吃便當時，都聽同事在說當沖萬海（2615）、陽明（2609）、長榮（2603）賺了多少。聽了半年之後，她決定把自己手上的ETF賣掉，跟著當航海王。

但她不幸買在高點，進場沒多久航運股開始每天跌停，她成了韭菜，於是又賣了航運股，重回ETF懷抱。2023年高股利ETF報酬率5成，而曾經誤入花叢的航運股，從當時股價超過300元，到現在只剩八十多元，讓她更堅定存ETF，繼續灌溉手中的玫瑰花。

破框投資，照著做就能富

報酬率 7%，10 年就能資產翻倍

當你開車遇到大轉彎時，如果以 20 ～ 30 公里的速度慢慢開，可以穩穩的順利轉過去；但如果是開到 90 ～ 120 公里再用力踩煞車，那後果一定不堪設想。

2017 年的一個下雨天，我在往關西的高速公路上遇到一個轉彎，因為開太快、煞不住，車子失控衝了出去，還好有圍欄保住了我，但車頭全毀、引擎蓋翻起來，前保險桿都撞掉了。

投資跟開車也很像，想趕快獲利，會更快失控。通常 1 年 10% 獲利，長期累積，10 年後資產就會翻倍，但過程中難免會有突然出現的野花，來擾亂長期栽種的玫瑰。如果覺得資產翻倍太遙遠，72 法則是個指標，用 72 除以投資報酬率，就可以得到資產以複利翻 1 倍所需的年數。按照上述 72 法則公式，可以得出下頁年報酬率 1 ～ 7% 時，本金分別能夠翻倍的時間。

圖表 3-1　陳詩慧的股票分類

類型	類股	特性
老婆型	金融股、權值股、ETF	配息穩定，適合存股
情人型	AI 概念股、蘋果概念股、重電族群、散熱族群	熱門題材，適合波段操作
路邊野花型	虛擬貨幣、航海王、生技類股	聽信明牌，大多傷荷包

許多投資人都聽過 72 法則，但可能不清楚 72 這一數字如何得來。事實上，72 這數字並非精算出來，只是 15 世紀義大利數學家盧卡・帕奇歐里（Luca Pacioli），從統計的經驗中得出的一個概數而已，但實用性也已非常足夠。

投資市場會跟隨景氣，所以也有高低起伏，上漲時機還沒有到時，就耐心領股息；等到景氣變好，漲幅加大、有價差了，便可以選擇賣出落袋為安，當然，想要繼續存著領股息也行。選擇適合自己的投資節奏，透過複利讓錢為我們賺錢，而我們的時間就留給美好的生活，這就是存 ETF 的致富心態。

圖表 3-2　72 法則演算結果

年投報率	算式	翻倍年數
1%	72÷1 = 72	72 年
2%	72÷2 = 36	36 年
3%	72÷3 = 24	24 年
4%	72÷4 = 18	18 年
5%	72÷5 = 14.4	14.4 年
6%	72÷6 = 12	12 年
7%	72÷7 = 10.2	10.2 年

02 錢一定要存在績效最好的地方

想要更快累積資產，ETF 是比股票更有效率的地方，怎麼說？我們先來試算看看。100 萬元存在銀行裡，以 2021～2024 年銀行 1 年定存利率在 1.1％～2％之間，取平均值約 1.6％計算，10 年後會多出約 173,000 元；但把 100 萬元存在國泰永續高股息（00878），00878 在 2021～2024 年的平均現金殖利率為 8％，以年化報酬率 8％計算，10 年後資產增加約 1,159,000 元。若 00878 能維持 8％的年化報酬率，10 年後大約是定存的 6.6 倍收益。可見把錢存在哪裡，一定要計較。

每次幫大家上財經課，學員們最愛問：「老師，買哪檔 ETF 的獲利最好？」我幫大家統整出高股息 ETF 三原則：

1. 殖利率高且長期穩定配息，錢會如雪球般滾得快。可以看近 3～5 年每年配息是否穩定、有沒有大幅波動或中斷。

2. 了解選股邏輯，才能根據投資目標與風險承受度，選擇看得懂、長期成長性強的標的。

3. 有收益平準金的 ETF 配息會更穩定。（收益平準金說明見第 199 頁）

破框投資，照著做就能富

目前臺灣 ETF 受益人數來到 1,100 萬人，資金達到 6.56 兆元左右。2023 年是 ETF 最輝煌的一年，經營績效加上配息，投資報酬率來到 30%～50% 的好成績，令人驚豔。於是投信開始推出更多 ETF 產品，吸引更多人解定存、買 ETF，我也幫孩子們開戶存 ETF，累積到大學畢業時，將會有一筆錢給他們運用。

受益人數排行週週更新，找出 ETF 長勝軍

我每週都會觀察的「台股 ETF 受益人數排行」，根據 2025 年 4 月 25 日的數字，可以看出下列重點：

・前 10 大 ETF 都是績優股，且也都是長期位居前 10 名，代表這些 ETF 路遙知馬力。

・排名第一的 00878 受益人數有 172.8 萬人，第 2～4 名的 0056、群益台灣精選高息（00919）及元大台灣 50（0050）的受益人數也都破百萬人，前 4 名 ETF 合計達到 550.8 萬人，占總 ETF 受益人數的一半。

・雖然有美國關稅風暴，但前 4 檔 ETF 受益人數持續增加，代表散戶趁股市大跌撿便宜，有更多資金流入，股價隨之漲更多。

高股息 ETF 好，還是指數型 ETF 好？

常聽到有人問，到底是高股息的 ETF 好，還是指數型的 ETF

圖表 3-3　台股 ETF 受益人數排行

排名	ETF 名稱及代號	受益人次	年初至今淨增減
1	國泰永續高股息（00878）	1,728,886 人	174,150 人
2	元大高股息（0056）	1,468,902 人	221,915 人
3	群益台灣精選高息（00919）	1,218,214 人	166,925 人
4	元大台灣 50（0050）	1,092,223 人	321,934 人
5	元大台灣價值高息（00940）	746,005 人	-97,794 人
6	富邦台 50（006208）	728,947 人	127,562 人
7	復華台灣科技優息（00929）	716,766 人	-139,148 人
8	元大台灣高息低波（00713）	412,919 人	58,782 人
9	國泰台灣 5G+（00881）	282,228 人	3,307 人
10	大華優利高填息 30（00918）	258,607 人	42,791 人

（資料來源：臺灣證券交易所，2025 年 4 月 25 日）

好？我的回答總是：兩個都好，必須根據個人需求來配置，而且不同時期與大環境之下，這兩者的表現也非常的不同。

　　高股息型 ETF 的特質為配息多半在 6％～ 10％，甚至高達 12％，但也因配息高，漲幅相對比較小，因為大部分的績效獲利都拿出來配息給大家了。因此，高股息型 ETF 可提供穩定股息收入，另一方面恐怕會失去價格上漲空間。

　　但對剛進入股市的新手來說，配息高、波動低反而能安心投

破框投資，照著做就能富

資，且每季或每月都能看到配息入帳，對投資會更有信心。此外，對於每個月有固定支出，比如要繳房貸、車貸，或孩子們補習費的人，透過高配息獲得現金流也非常實用，像我就會用00878來繳房貸、幫孩子們存教育基金。

而指數型ETF如0050及富邦台（006208），其特質則是成分股大多為成長型股票，且多半包含台積電（2330），當台積電（2330）大幅拉高價格時，ETF的績效也會變得特別好，因此配息相對少，但能有比較多的漲幅。對於每個月有固定薪資收入可以支付日常開銷的人，就可用成長性及漲幅大的ETF來累積資產。

綜合上述特質，我的建議是指數型與高股息型ETF都需要入手，靠高股息型ETF每個月有穩定現金流，幫助支付固定支出，而指數型ETF成分股可以增加資產。每一檔ETF都有其特色，不妨抓緊這些特色，根據自己的需求來搭配。

製作ETF績效排行榜，有腦存股

我會製作自己的ETF統計表，並且每個月更新，算出手上ETF的績效排行榜，篩選出最強的一檔，如第182～183頁圖表3-4及第184～185頁圖表3-5就是我的2023年及2024年績效排行榜。

排行榜的做法是先列出每一檔的基本資料，包括：成分股數量、基金規模、有多少股民、發行價及配息月分等。

PART 3　買ETF，比光存股更有效率

　　然後用年初及年底的股價算出漲幅（〔年初股價－年底股價〕÷年初股價＝年度漲幅）。例如2023年績效最好的是0056，漲幅高達46％。再把殖利率算出來（配息÷股價＝殖利率），可以看出2023年殖利率最高的是00919，高達10％。

　　有了統計表就能快速發現，2023年的漲幅成績，高股息型ETF竟然是指數型ETF的2倍（0056為46％，0050為21％），且前3名由高股息型ETF包辦（0056、00919、00878），如果把漲幅加上殖利率，還能來到4～5成的獲利水準，很令人驚豔。

　　這一年高股息型ETF會這麼亮眼，主要是輝達（NVDA）帶動AI熱門題材，讓伺服器大漲，而臺灣的伺服器代工廠如廣達（2382）、緯創（3231）、技嘉（2376）、英業達（2356）等都是績優股，年年穩定配息，也是高股息型ETF的成分股，當它們股價翻倍，漲幅與高殖利率的加成之下，報酬率自然大增。

　　再看指數型的0050，約有一半的投資放在台積電（2330），而2023年台積電（2330）漲幅不大，因此報酬率只有21％。

　　到了2024年，從圖表3-5的2024年績效排行榜則顯示，當年是台積電（2330）相關ETF的天下，隨著台積電（2330）大漲90％，0050及006208的漲幅都有近5成。然而進入2025年後，由於台積電（2330）持續下跌，市值型ETF表現又轉為比高股息ETF差。所以，不同指標的ETF，在不同的環境、時空之下，都會有不同的表現，下一節就為大家介紹6檔最強ETF的特點，可以從中選出最適合你的一檔。

181

圖表 3-4 陳詩慧持有的 ETF 2023 年績效排行榜

	元大台灣 50（0050）	元大高股息（0056）
成分股	50 檔	50 檔
基金規模	3,001 億元	2,485 億元
受益人數	65 萬人	97 萬人
發行價	35 元	25 元
配息月分及金額	1 月 2.6 元 7 月 1.9 元	7 月 1 元 10 月 1.2 元
成分股組成	電子 75%（含台積電 45%） 金融 15% 傳產 10%	電子 70% 金融 9% 傳產 21%
前 5 大成分股	台積電（2330） 聯發科（2454） 鴻海（2317） 台達電（2308） 聯電（2303）	廣達（2382） 聯發科（2454） 聯詠（3034） 緯創（3231） 英業達（2356）
2023 年 1 月 2 日股價	111.8 元	25.66 元
2023 年 12 月 29 日股價	135.45 元	37.4 元
全年漲幅	21%	46%
預估殖利率	3.40%	6.10%

群益台灣精選高息 （00919）	國泰永續高股息 （00878）	復華台灣科技優息 （00929）
30 檔	30 檔	40 檔
1,009 億元	2,414 億元	1,241 億元
43 萬人	116 萬人	50 萬人
15 元	15 元	15 元
6月 0.54 元 9月 0.54 元 12月 0.55 元 （預計到 2024 年 9 月 每季至少配 0.55 元）	2月 0.27 元 5月 0.27 元 8月 0.35 元 11月 0.35 元	月月配 0.11 元 （2024 年 1 月開始 月配 0.13 元）
電子 76%（含半導體 55%） 航運 12% 金融 4%	電子 67% 金融 23% 傳產 11%	科技 100%
長榮（2603） 聯電（2303） 瑞昱（2379） 聯詠（3034） 聯發科（2454）	華碩（2357） 廣達（2382） 緯創（3231） 大聯大（3702） 聯發科（2454）	聯發科（2454） 大聯大（3702） 矽創（8016） 京元電子（2449） 新普（6121）
16.72 元	16.41 元	15 元
22.26 元	21.8 元	19.15 元
33%	33%	28%
10%	6.50%	6.80%

圖表 3-5 陳詩慧持有的 ETF 2024 年績效排行榜

	元大台灣 50（0050）	富邦台 50（006208）	凱基優選高股息 30（00915）
成分股	50 檔	50 檔	30 檔
基金規模資本額	4,312 億元	1,835 億元	408 億元
受益人數	77 萬人	60 萬人	18.4 萬人
發行價	35 元	15 元	15 元
配息月分及金額	1 月 3 元 7 月 1 元	7 月 0.78 元 11 月 0.9 元	3 月 0.72 元 6 月 0.72 元 9 月 0.82 元 12 月 0.75 元
成分股組成	電子 81%（台積電 57.82%） 金融 11% 傳產 8%	電子 81%（台積電 55.4.%） 金融 12% 傳產 7%	電子 35.5% 金融 31.5% 傳產 33%
前 10 大成分股	台積電（2330） 聯發科（2454） 鴻海（2317） 台達電（2308） 聯電（2303） 廣達（2382） 富邦金（2881） 中信金（2891） 國泰金（2882） 日月光投控（3711）	台積電（2330） 聯發科（2454） 鴻海（2317） 台達電（2308） 聯電（2303） 廣達（2382） 富邦金（2881） 中信金（2891） 國泰金（2882） 日月光投控（3711）	國泰金（2882） 中信金（2891） 兆豐金（2886） 瑞儀（6176） 統一（1216） 台灣大（3045） 中租-KY（5871） 聯詠（3034） 潤泰全（2915） 國產（2504）
2024 年 1 月 2 日股價	194.05 元	112.8 元	24.61 元
受益人數月增率	-0.2%	2.9%	11.7%
全年漲幅（含息）	49.4%	51.4%	24.3%
年化報酬率	14.6%	15.0%	40.7%
年配息	4 元	1.68 元	3.01 元
年殖利率	2.1%	1.5%	12.2%

PART 3　買ETF，比光存股更有效率

元大高股息（0056）	群益台灣精選高息（00919）	國泰永續高股息（00878）	復華台灣科技優息（00929）
50 檔	30 檔	30 檔	40 檔
3,604 億元	3,058 億元	3,741 億元	2,381 億元
124.7 萬人	105 萬人	155.5 萬人	85.6 萬人
25 元	15 元	15 元	15 元
1 月 0.72 元 4 月 0.79 元 7 月 1.07 元 10 月 1.07 元 （2024 年累積配息超過發行價）	3 月 0.66 元 6 月 0.7 元 9 月 0.72 元 12 月 0.72 元	2 月 0.4 元 5 月 0.51 元 8 月 0.55 元 11 月 0.55 元	第 1 季 0.13 元 第 2 季 0.2 元 7～8 月 0.18 元 9 月 0.16 元 10 月 0.14 元 11 月 0.11 元 12 月 0.05 元
電子 57% 金融 15% 航運 9% 傳產 19%	上市櫃半導體 46% 航運 18% 金融 13% 電子 15% 傳產 8%	電子 65% 金融 23% 傳產 12%	科技 100%
長榮（2603） 瑞昱（2379） 聯詠（3034） 華碩（2357） 中信金（2891） 聯電（2303） 聯發科（2454） 長榮航（2618） 兆豐金（2886） 和碩（4938）	長榮（2603） 聯電（2303） 中信金（2891） 聯詠（3034） 聯發科（2454） 長榮航（2618） 中美晶（5483） 力成（6239） 瑞儀（6176） 新普（6121）	聯詠（3034） 聯發科（2454） 華碩（2357） 瑞昱（2379） 日月光投控（3711） 聯電（2303） 仁寶（2324） 世界（5347） 微星（2377） 中信金（2891）	聯電（2303） 聯發科（2454） 台灣大（3045） 日月光投控（3711） 遠傳（4904） 聯詠（3034） 和碩（4938） 光寶（2301） 世界（5347） 可成（2474）
36.7 元	23.3 元	22.07 元	18.01 元
1.5%	1.7%	0.5%	-7.6%
10.0%	18.3%	13.3%	28.0%
10.8%	31.5%	12.7%	4.9%
3.63 元	2.8 元	2.01 元	1.61 元
9.9%	12.0%	9.1%	8.9%

03 6檔最強ETF 完成最美的夢

川普在2025年開啟他的第二任期,將再執政4年,他如不定時炸彈般的決策宣言,讓很多人害怕,要安穩度過景氣的高低起伏與世界貿易大戰,就需最穩定的標的幫我們度過寒冬。

自川普上任以來,股市已大跌15%～20%,高股息型ETF僅管股價都是負成長,但跌幅最少,且殖利率創新高來到9%～11%,若把殖利率算進去,2025年有可能獲利。市值型ETF雖跌幅較大,但趁低撿便宜,當股市反彈之際,漲幅將來到最大。

以下是我選出的六檔最強ETF,是川普時代可以分散風險的投資組合選擇。

00713,最穩的高股息型ETF

元大台灣高息低波(00713)於2017年8月上市,追蹤臺灣指數公司特選高股息低波動指數,發行價為29.92元;配息頻率為季配息,2025年殖利率創新高,來到10.6%,上市以來年化報酬率居冠,高達20.56%。

破框投資，照著做就能富

　　成分股為獲利穩定的公司，包括中華電（2412）、台灣大（3045）、統一（1216）、台泥（1101）、南亞（1303）、中鋼（2002）等，傾向傳產、金融及穩定型的電子股，成長型科技股比重較少。這樣的特性是上漲時不會漲得非常快，但相對下跌時也跌得比較慢，非常適合想要拿股息、又不想承受大跌的人。

　　2025 年川普執政，股市如做雲霄飛車，00713 跌幅最少、最穩定，是高股息中最穩健防守的一檔，如果你的目標是「拿穩定配息、避免大跌、慢慢存資產」，00713 是很不錯的選擇。

00878，股民 173 萬，臺灣人的最愛

　　00878 成立於 2020 年 7 月 10 日，發行價 15 元，每季配息一次，年化報酬率高達 11.4%。

　　成分股包括聯詠（3034）、聯發科（2454）、華碩（2357）、聯電（2303）、仁寶（2324）、瑞昱（2379）、光寶科（2301）、緯創（3231）、中信金（2891）、廣達（2382）、日月光投控（3711）、微星（2377）、技嘉（2376）等共有 30 檔。

　　產業別涵蓋較廣，電腦科技業、半導體類股合計將近 70%，金融類股相關則有 21.9%，食品股、橡膠水泥和其他類股加起來有 8%。當電子類股景氣比較不好時，它有傳統產業股跟金融股互相平衡，分布在不同產業的風險也會比較少，我覺得是一檔大家可以配置的高股息 ETF。

圖表3-6 元大台灣高息低波（00713）2018～2025年配息一覽

股利發放年度	現金股利	現金股利殖利率	填息花費天數
2025 年第 1 季	1.4 元	2.54%	-
2024 年合計	5.28 元	9.28%	-
2024 年第 4 季	1.4 元	2.52%	-
2024 年第 3 季	1.5 元	2.58%	-
2024 年第 2 季	1.5 元	2.53%	13 天
2024 年第 1 季	0.88 元	1.62%	3 天
2023 年合計	3.04 元	6.54%	-
2023 年第 4 季	0.84 元	1.64%	40 天
2023 年第 3 季	0.84 元	1.72%	44 天
2023 年第 2 季	0.68 元	1.45%	20 天
2023 年第 1 季	0.68 元	1.73%	4 天
2022 年下半年合計	2.9 元	7.34%	-
2022 年第 4 季	1.45 元	3.71%	41 天
2022 年第 3 季	1.45 元	3.63%	109 天
2021 年	3.15 元	6.81%	379 天
2020 年	1.7 元	4.80%	36 天
2019 年	1.6 元	4.75%	186 天
2018 年	1.55 元	5.19%	61 天

（資料來源：玩股網）

破框投資，照著做就能富

00878 是我為三個孩子存股的股票，從他們有壓歲錢開始，就幫他們開戶了。我計畫為他們存到大學畢業，再將這筆錢與帳戶交給他們自己管理，預計到時會有至少 30 萬元，能讓他們安排畢業後的生活，無論要繼續念書，還是工作需要租房、購置交通工具等，有 30 萬元至少可以緩衝一段準備時間，不會讓生活立刻陷入焦慮。

從右頁圖表 3-7 可以看到，00878 的股息不斷增加中，2024 年殖利率大突破，來到 8.75％；2025 年第 1 季殖利率 2.21％，比 2024 年第 1 季的 1.78％多，因此全年殖利率預估來到 9.6％。孩子們每一季都會收到股息，也學會看報酬率，看到股價不斷成長，知道 00878 讓他們的資產越來越多。我會把每次的股息領出來再投入，增加股數，也是另一種引導孩子養成儲蓄習慣的方式。

0056：2025 年殖利率預估超過 12％

0056 是高股息 ETF 裡最元老的一檔，2007 年 12 月時成立，如今已經 18 歲，發行價 25 元，年化報酬率 11.07％。

0056 成分股有 50 檔，金融股比重更高，前 10 大成分股為兆豐金（2886）、華碩（2357）、中信金（2891）、聯發科（2454）、聯詠（3034）、元大金（2885）、永豐金（2890）、瑞昱（2379）、聯電（2303）、廣達（2382），其中金融股就占了 4 檔。

2025 年是多災多難的一年，股市上下震動厲害，一天跌幅達

PART 3　買 ETF，比光存股更有效率

圖表 3-7　國泰永續高股息（00878）2020～2025 年配息一覽

股利發放年度	現金股利	現金股利殖利率	填息花費天數
2025 年第 1 季	0.5 元	2.18%	-
2024 年合計	2.01 元	8.75%	-
2024 年第 4 季	0.55 元	2.42%	58 天
2024 年第 3 季	0.55 元	2.38%	30 天
2024 年第 2 季	0.51 元	2.16%	7 天
2024 年第 1 季	0.4 元	1.78%	8 天
2023 年合計	1.24 元	6.42%	-
2023 年第 4 季	0.35 元	1.69%	4 天
2023 年第 3 季	0.35 元	1.63%	3 天
2023 年第 2 季	0.27 元	1.50%	3 天
2023 年第 1 季	0.27 元	1.57%	6 天
2022 年合計	1.18 元	6.58%	-
2022 年第 4 季	0.28 元	1.67%	12 天
2022 年第 3 季	0.28 元	1.62%	133 天
2022 年第 2 季	0.32 元	1.79%	11 天
2022 年第 1 季	0.3 元	1.52%	332 天
2021 年合計	0.98 元	5.45%	-
2021 年第 4 季	0.28 元	1.49%	17 天
2021 年第 3 季	0.3 元	1.65%	12 天
2021 年第 2 季	0.25 元	1.43%	1 天
2021 年第 1 季	0.15 元	0.86%	1 天
2020 年第 4 季	0.05 元	0.33%	1 天

（資料來源：玩股網）

千點。但是 0056 表現亮眼，殖利率 12％ 創歷史新高，因為它的金融股占比較高，讓股價相對穩定。此外，成分股中也有許多各產業龍頭股，例如文曄（3036）、大聯大（3702）、南亞（1303），資產的風險配置又更為周全。

0050、006208，2024 年績效最好的 ETF

0050 是最長壽的 ETF，2003 年發行，發行價 35 元。目前有

圖表 3-8　元大台灣 50（0050）股價走勢圖

0050 是臺灣最長壽的 ETF，成立至今股價翻了 5 倍，年報酬率破 13％。

（資料來源：TradingView）

圖表 3-9　元大高股息（0056）2009～2025 年配息一覽

股利發放年度	現金股利	現金股利殖利率	填息花費天數
2025 年上半年合計	2.14 元	6.26%	-
2025 年第 2 季	1.07 元	3.35%	3 天
2025 年第 1 季	1.07 元	2.94%	13 天
2024 年合計	3.63 元	9.27%	-
2024 年第 4 季	1.07 元	2.75%	-
2024 年第 3 季	1.07 元	2.53%	-
2024 年第 2 季	0.79 元	2.03%	13 天
2024 年第 1 季	0.7 元	1.92%	7 天
2023 年下半年合計	2.2 元	6.21%	-
2023 年第 4 季	1.2 元	3.44%	20 天
2023 年第 3 季	1 元	2.78%	5 天
2022 年	2.1 元	8.13%	32 天
2021 年	1.8 元	5.56%	12 天
2020 年	1.6 元	5.39%	28 天
2019 年	1.8 元	6.20%	49 天
2018 年	1.45 元	5.62%	80 天
2017 年	0.95 元	3.60%	61 天
2016 年	1.3 元	5.13%	159 天
2015 年	1 元	4.19%	84 天
2014 年	1 元	4.17%	31 天
2013 年	0.85 元	3.52%	116 天
2012 年	1.3 元	5.33%	131 天
2011 年	2.2 元	8.73%	76 天
2010 年	0 元	0%	-
2009 年	2 元	8.46%	51 天

（資料來源：玩股網）

破框投資,照著做就能富

109萬名的股民,資產規模達4,869億元。成立21年來股價翻了5倍,年報酬率13.38%,完美詮釋「買對ETF可以上天堂」。

006208則是12歲大,擁有逾70萬個股民。雖然殖利率只有1.6%,但12年漲幅也達260%,近來漲幅更來到4成。

0050和006208都是追蹤臺灣50指數,兩檔的成分股幾乎相同,報酬率也差不多。臺灣50指數是由臺灣股市市值最大的50家公司組成,市值占股市的7成。所以我們可以說,台股的表現基本上是由這50家公司決定。

圖表3-10 富邦台50(006208)股價走勢圖

006208成立近13年,漲幅達260%,2024年績效亮眼,達到4成左右。

(資料來源:TradingView)

PART 3　買 ETF，比光存股更有效率

　　0050 和 006208 都是把 55％的資金投資在台積電（2330），因此 2024 年的績效都非常好，達到 4 成左右。成分股除了台積電（2330）外，也有 AI 相關概念股與金融股，包括鴻海（2317）、聯發科（2454）、台達電（2308）、聯電（2303）、廣達（2382）、富邦金（2881）、國泰金（2882）、中信金（2891）、日月光投控（3711）等，極看好 2025 年的表現。

00757，最強美股 ETF

　　統一 FANG+（00757）於 2020 年 9 月上市，是一檔掌握美國主流科技趨勢的 ETF，追蹤 NYSE FANG+ 尖牙指數，主要聚焦於美國大型科技股，以目前在科技領域領先的 6 大股為核心，包括 Meta（META）、蘋果（AAPL）、亞馬遜（AMZN）、網飛（NFLX）、字母控股（GOOGL）及微軟（MSFT），再搭配其他具高成長性、高市場關注的科技股和非必需消費股，整體成分股涵蓋 AI、尖端半導體、社群媒體、電動車、新零售、影音串流等領域。

　　發行價為 20 元，至今股價 92.5 元，已翻了 4.6 倍。不配息，1 年報酬率約 35％～40％，年化報酬率 18％。由於是美元資產，能間接分散臺灣市場風險，且在生成式 AI 熱潮的帶動之下，長線成長潛力強。

　　然而 00757 也因持股集中，成分股僅 10 檔，分散效果差，波

動度偏高，一旦科技股遇到利空（如升息、監管風險），跌幅會比大盤更重。成立以來最大回檔是在 2022 年美股修正時，最大跌幅超過 40%，但之後也強勁反彈。

投資 ETF 三大重點

投資台股 ETF，看似「挑一檔買了就好」，但真正能讓你在震盪的台股市場穩穩賺、睡得著的關鍵，其實高度集中在兩大重點——只要每一次出手都對這 3 件事做檢查，你的長期勝率就會跟多數散戶拉開差距。

買 ETF 是為了回報還是現金流？

要弄清楚自己買 ETF 的目的，可以先問自己 3 個問題：我需要每月現金流嗎？能忍受 30% 的帳面波動嗎？我的投資年期還有幾年？

想到穩定領息、補貼家計，可以選擇殖利率可達 6%～8% 的高股息型 ETF，不僅每月或每季固定配息，下跌時也比較抗震；而若是希望資本成長最大化，市值型 ETF 會更適合，跟著整體大盤走，長期總報酬最高。如果是較在意波動，想要分散風險，則可用低波動 ETF 如 00713 等，搭配債券型 ETF。

PART 3　買 ETF，比光存股更有效率

圖表 3-11　統一 FANG＋（00757）股價走勢圖

00757 聚焦美國大型科技股，2022 年美股修正時大幅回檔，但之後反彈強勁，股價衝破百元。

（資料來源：TradingView）

圖表 3-12　統一 FANG+（00757）成分股

排名	公司及代號	占比	排名	公司及代號	占比
1	網飛（NFLX）	10.63%	6	Meta（META）	9.23%
2	CrowdStrike（CRWD）	10.63%	7	字母控股（GOOGL）	9.01%
3	ServiceNow（NOW）	10.42%	8	輝達（NVDA）	8.71%
4	微軟（MSFT）	10.11%	9	亞馬遜（AMZN）	8.57%
5	博通（AVGO）	9.23%	10	蘋果（AAPL）	8.31%

破框投資，照著做就能富

定期定額加金字塔買進法，降低成本

我們都希望看到 ETF 的均價拉低，讓長期的投資報酬率更好，而除息後 ETF 價格會下降，此時進場布局的確可以撿便宜，降低持股的成本。因此不管是想賺價差還是領高息的投資人，除息後都是值得考慮的買進時間點。

如果不想因為市場低點難預測，而錯過逢低布局的機會，可以選擇定期定額買進，甚至再加上「金字塔買進法」，也就是確定長期走勢向上，股價跌越多，就買越多。

此外，每一檔 ETF 都會在固定的時間調整成分股，在更換投資組合時，要觀察汰弱換強後能否維持成長動能。

配置與年度再平衡，把錢放在對的地方

最後是要配置「核心」及「衛星」，所謂核心即是以市值型 ETF，跟隨臺灣經濟一起長期成長，配置比例可在 7～8 成；而衛星則可選擇高股息型 ETF，增加現金流及產業曝險，比例約 2～3 成。配置後還須做年度再平衡，當權重大幅偏離（±5%～10%）時便高賣低補，鎖利並維持風險。

目的、成本、紀律是投資台股 ETF 的三大密碼，只要每次投入前先問自己這三件事、並用行動把答案固化（自動扣款、寫下再平衡規則），就能避開市場情緒的陷阱，讓台股 ETF 真正變成長期複利的加速器，而不是焦慮製造機。

了解收益平準金機制

最後我們再來了解一下 ETF 的收益平準金機制。投信業者會設計收益平準，最重要是希望 ETF 能有「穩定」的配息率。會出現此需求，是因為近年來有些 ETF 在宣告配息後，常有投資人因為看到配息率不錯，便大量購入該基金，導致每單位配息金額下降，稀釋了原有的配息率，恐影響原有投資人的現金管理規畫。

舉例來說，有一檔 ETF 在當年 6 月底前規模為 100 億元左右，期間領到的股利所得為 7 億元，預計 9 月配息時可配發的配息率為 7%（7 億元 ÷100 億元）。然而，9 月除息前突然有大筆申購資金，ETF 規模擴大至 700 億元，但帳上仍只有 7 億元的股利所得，因此 ETF 可配息率將從 7% 稀釋成 1%（7 億元 ÷700 億元）。

當 ETF 申購規模增加到 700 億元時，為了維持原配息率，配息金額要增加到 49 億元，其中 14% 來自股息所得、86% 便是來自收益平準金。因此，收益平準金的占比雖然較高，但可以發揮維持配息率的效果，以避免因為規模增加而稀釋配息。

圖表 3-13 6 檔最強 ETF 小檔案

ETF 名稱及代號	元大台灣高息低波（00713）	國泰永續高股息（00878）	元大高股息（0056）
上市日期	2017 年 9 月 19 日	2020 年 7 月 10 日	2007 年 12 月 13 日
發行價	29.82 元	15 元	25 元
2025 年 5 月 9 日股價	51.45 元	20.66 元	33.11 元
2025 年 1 月 2 日至 5 月 9 日漲跌幅	-2.6%	-6.3%	-9.4%
近 4 季殖利率	10.60%	9.67%	11.07%
上市至今的年化報酬率	20.56%	11.48%	10.71%
配息狀況	3、6、9、12 月配息，2025 年 3 月配發 1.4 元	2、5、8、11 月配息，2025 年 3 月配發 0.5 元	1、4、7、10 月配息，2025 年 1 月配發 1.07 元，4 月配發 1.07 元
受益人數	41 萬人	173 萬人	147 萬人
資產規模	1,435 億元	4,241 億元	4,335 億元
前 5 大成分股	台灣大（3045） 統一（1216） 遠傳（4904） 統一超（2912） 台新金（2887）	聯詠（3034） 聯發科（2454） 華碩（2357） 聯電（2303） 瑞昱（2379）	長榮（2603） 聯電（2303） 聯詠（3034） 中信金（2891） 華碩（2357）

PART 3　買 ETF，比光存股更有效率

富邦台50（006208）	元大台灣50（0050）	統一FANG+（00757）
2012 年 7 月 17 日	2003 年 6 月 30 日	2018 年 12 月 6 日
30 元	36.98 元	20 元
102.45 元	174.75 元	92.35 元
-11%	-12.2%	-11.7%
1.48%	2.30%	不配息
13.78%	13.38%	18.06%
半年配，7、11 月配息	半年配，1、7 月配息，2025 年 1 月配發 2.7 元	不配息
73 萬人	109 萬人	8.9 萬人
2,175 億元	5,135 億元	484.36 億元
台積電（2330） 聯發科（2454） 鴻海（2317） 台達電（2308） 廣達（2382）	台積電（2330） 聯發科（2454） 鴻海（2317） 台達電（2308） 廣達（2382）	網飛（NFLX） CrowdStrike（CRWD） ServiceNow（NOW） 微軟（MSFT） 博通（AVGO）

（資料來源：TradingView）

1個月存1張,20年就有千萬元退休金

很多人都想財富自由、提早退休,透過高股息型 ETF 和提早做存股計畫,不需要很多資本,也一定可以做到。

下圖是我用 00878 試算的結果,以 1 個月存 1 張為原則,1 年會累積 12 張。若年殖利率是 7%,1 年後的報酬將會是 12.8 張(12 張×〔1＋7%〕),以股價 17 元計算,總市值將達 217,600 元(12.8 張×17,000 元),平均每個月領 1,269 元(〔12.8 張×17,000 元×7%〕÷12 個月)。

圖表 3-14 國泰永續高股息(00878)存股計畫

年分	張數	7%殖利率再投入張數	總市值(以股價17元計算)	年領息（7%計算）	月領股息
1	12 張	0.8 張	217,600 元	15,232 元	1,269 元
2	25 張	1.7 張	452,200 元	31,654 元	2,638 元
3	39 張	2.7 張	702,100 元	49,147 元	4,096 元
4	53 張	3.7 張	969,000 元	67,830 元	5,653 元
5	69 張	4.8 張	1,254,600 元	87,822 元	7,319 元
6	86 張	6.0 張	1,560,600 元	109,242 元	9,104 元
7	104 張	7.3 張	1,888,700 元	132,209 元	11,017 元
8	123 張	8.6 張	2,238,900 元	156,723 元	13,060 元

這樣持續穩定增加張數，到第 5 年時資產將突破百萬元，且每個月可以領到 7,318 元；當來到第 7 年時，資產已將近 200 萬元，而每月可領 11,017 元。

存到第 20 年時，會累積到 526.4 張，以 00878 現在的股價 22 元計算，資產會破千萬元，來到 1,100 萬元，每年領 81 萬元股息，等於每月可領 67,554 元。這時便已達成擁有千萬退休金的夢想，而若是股價再繼續上漲，一方面能提早存到退休金，另一方面每個月可以領到的會更多。

年分	張數	7%殖利率再投入張數	總市值（以股價 17 元計算）	年領息（7%計算）	月領股息
9	144 張	10.1 張	2,614,600 元	183,022 元	15,252 元
10	166 張	11.6 張	3,015,800 元	211,106 元	17,592 元
15	302 張	322.7 張	5,485,900 元	384,013 元	32,001 元
20	492 張	526.4 張	8,948,800 元	626,416 元	52,201 元
25	759 張	812.1 張	13,805,700 元	966,399 元	80,533 元
29	1,048 張	1,121.6 張	19,067,200 元	1,334,704 元	111,225 元
30	1,134 張	1,212.9 張	20,619,300 元	1,443,351 元	120,279 元

04 避險最佳選擇：債券

ETF 市場中，還有一種債券 ETF，但在說明之前，必須先了解什麼是債券。

提到債券，我們通常說的是「美國公債」，簡稱美債，市場上常見的債券商品，包含 10 年以下的短天期美債，以及 10 年以上的長天期美債。

熟悉債券的人都說，它是很好的分散風險投資，因為股債之間通常是：債券跌，股市漲；債券漲，股市跌。而債券的投資方式也很簡單，只要買入債券並持有到期，這張債券帶來的報酬就是固定的，因為每一期都會領到上面載明的票息（利息）。債券到期時，發行機構也會按照記載的面額來贖回債務。因此，在持有到期並且沒有違約的情況下，買入時就已經確定持有到期的總報酬了。

債券和股票非常不一樣，所以適合購買的族群也大不相同。什麼樣的人適合購買債券？主要可以分為兩大類，第一種是保守型的投資人，第二種是有資產配置需求的人。

此外，許多大戶也喜歡買美債，主要原因是為了避險、避稅。

破框投資，照著做就能富

因為可以在固定時間領取已預知的利息，而且當初用多少錢買債券，到期時可以原價賣回給發行機構，因此國際經濟動盪不安時，債券就是一個相當穩定的避險標的。

股神巴菲特在 2024 年時，因擔心美國經濟衰退與股市在高點，而賣了許多股票。除了提高現金的水位之外，他也拿了一部分資金去買美債，因為當時美債在相對的低點，他就把現金換成美債避險。

債券 ETF 為了價差獲利

債券 ETF 與股票型的 ETF 一樣，都會追蹤複製相對應指數的投資標的與比例分配，也可以直接在交易所買賣。通常買債券 ETF 的人，會根據景氣循環布局。

過去的我不買債券 ETF，但因為美國開始進入降息循環，而且債券 ETF 價格已是地板價，因此 2023 年 10 月，我以 27.6 元開始布局買元大美債 20 年（00679B）。

00679B 是元大投信發行，主要投資於美國政府發行的長天期（20 年以上）固定利率公債，追蹤 ICE 美國政府 20+ 年期債券指數。00679B 於 2017 年成立，目前受益人數超過 35 萬人，基金規模約為 2,595 億元；採用季配息，每年 2、5、8、11 月配發。

因為是長天期債券，對利率變動較敏感，若預期利率下降，債券價格可能上升，帶來資本利得，而每季配息則能提供固定現

金流。風險等級為 RR3，代表波動比股票小，適合希望穩定領利息、又可以接受一點點本金價值波動的人，作為投資組合中的債券配置，降低整體風險。

債券 ETF 一樣可以領利息，而且股價越低、利息越高，從 2020 年到 2024 年的股價及殖利率變化，就可看出。2020 年新冠疫情爆發時，美國政府為了擔心經濟會通貨緊縮，所以緊急降息到零利率，當年 00679B 最高價來到 54.46 元。進入 2021 年後，價格持續下滑，到 2024 年已跌至最低點 27.2 元，但殖利率則是從 1.09％上升 4 倍。如果利率持續往下調，將會看到更漂亮的價差。

5 種風險等級，看出金融商品可能賠多少

風險等級是金融商品（像是基金、ETF、保單）根據投資風險大小所劃分的等級。買進 ETF 前先看風險等級，可以一眼看出這個產品「穩不穩」，或者「可能賺多少、也可能賠多少」。

臺灣常見的風險等級是 RR1 到 RR5：

RR1：超低風險，例如定存，適合完全不能接受虧損的人。

RR2：低風險，例如債券，適合偏保守、只想小賺不想賠的人。

RR3：中低風險，長天期債券、平衡型基金等都屬於此類，適合可以接受小波動的人。

RR4：中高風險，臉票型基金、股債混合的投資組合皆為此類，適合可以接受較大漲跌的人。

RR5：高風險，例如新興市場股票、科技成長型 ETF 等，可以承擔高風險換取高報酬者較適合。

破框投資，照著做就能富

圖表 3-15 元大美債 20 年（00679B）2020～2025 年配息一覽

股利發放年度	現金股利	現金股利殖利率	填息花費天數
2025 年第 1 季	0.3 元	1.04%	2 天
2024 年合計	1.33 元	4.42%	-
2024 年第 4 季	0.34 元	1.17%	6 天
2024 年第 3 季	0.345 元	1.09%	18 天
2024 年第 2 季	0.335 元	1.13%	15 天
2024 年第 1 季	0.31 元	1.04%	7 天
2023 年合計	1.17 元	3.76%	-
2023 年第 4 季	0.29 元	1.0%	13 天
2023 年第 3 季	0.28 元	0.9%	86 天
2023 年第 2 季	0.29 元	0.89%	-
2023 年第 1 季	0.31 元	0.98%	15 天
2022 年合計	1.12 元	3.22%	-
2022 年第 4 季	0.33 元	1.08%	1 天
2022 年第 3 季	0.29 元	0.83%	-
2022 年第 2 季	0.27 元	0.78%	2 天
2022 年第 1 季	0.23 元	0.59%	1 天
2021 年合計	0.87 元	2.13%	-
2021 年第 4 季	0.22 元	0.53%	9 天
2021 年第 3 季	0.22 元	0.52%	4 天
2021 年第 2 季	0.22 元	0.56%	7 天
2021 年第 1 季	0.21 元	0.52%	78 天
2020 年第 2～4 季合計	0.76 元	1.09%	-
2020 年第 4 季	0.2 元	0.43%	2 天
2020 年第 3 季	0.17 元	0.35%	1 天
2020 年第 2 季	0.16 元	0.31%	47 天

（資料來源：玩股網）

美債 ETF 價格離天花板還有 85%

現在是買債券 ETF 的好時機，因為價格已到地板價，買進後可以領到高利息，而且預期未來 3～5 年會溫和的降息，將推動債券 ETF 價格向上，有機會賺價差。

以 00679B 為例，從圖 3-16 的淨值市價走勢資料可以看到，聯準會不斷升息到 5.25%～5.5% 時，00679B 的價格來到最低點 26.71 元；但當聯準於 2024 年 9 月降息 2 碼時，00679B 價格便上漲到 29.95 元。而在 2020 年時因為新冠疫情，聯準會急速降息，00679B 最高價來到 54.6 元。

圖表 3-16 元大美債 20 年（00679B）2017 年 11 月 1 日～2017 年 11 月 29 日淨值市價走勢圖

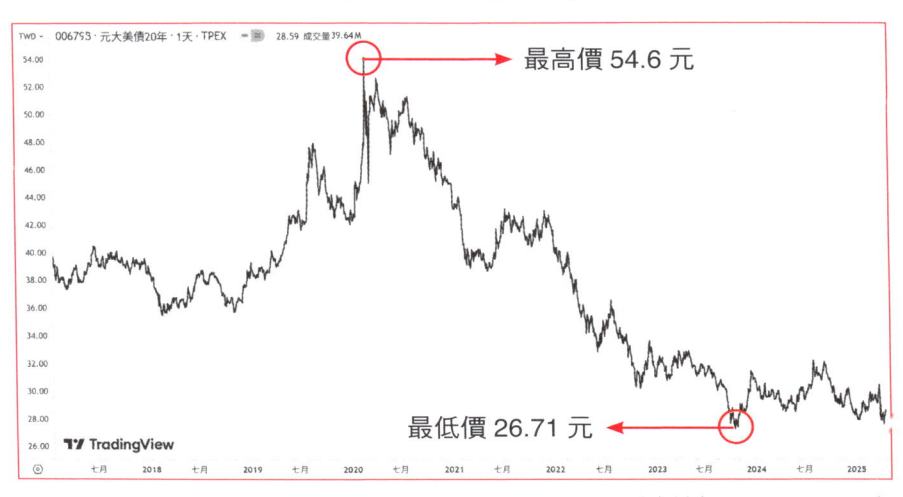

（資料來源：TradingView）

看到這 2 倍的價差，專家預估，若真如川普所言，會持續降息，以目前剛降息 2 碼，未來 3 年還有降息 10 碼的空間，也就是降息 2.5%。另外還有以下的可能性：

- 把非法移民送回，減少消費，薪資與房租將下降或凍漲。
- 開採傳統能源，讓石油跟天然氣的價格能往下降，避免通膨再起。

此外，專家們也指出，未來降息應該也會使債券 ETF 的價格緩慢上升。如果美國 10 年公債殖利率的利息降到 2.5%～3%，00679B 的價格也將會來到大約 35 元（用兩者相同的時間點去比對價格），到時候就會有一個 2 成左右的價差空間，若再加上年息，報酬率應會有 3% 左右。

從美國 10 年公債殖利率看 00679B 漲幅

自從川普當選總統後，公債殖利率從 3.8% 來到最高點 4.3%～4.6%。右頁圖表 3-17 是 2017～2024 年美國 10 年公債殖利率變化。從圖中可以得知，10 年公債殖利率平均維持在 2.5%～3%，所以未來利息往下降的機會很大，而公債殖利率往下降，那麼債券的價格將會往上升。

我每週都會觀察美國公債殖利率的變化，因為與股市漲跌、

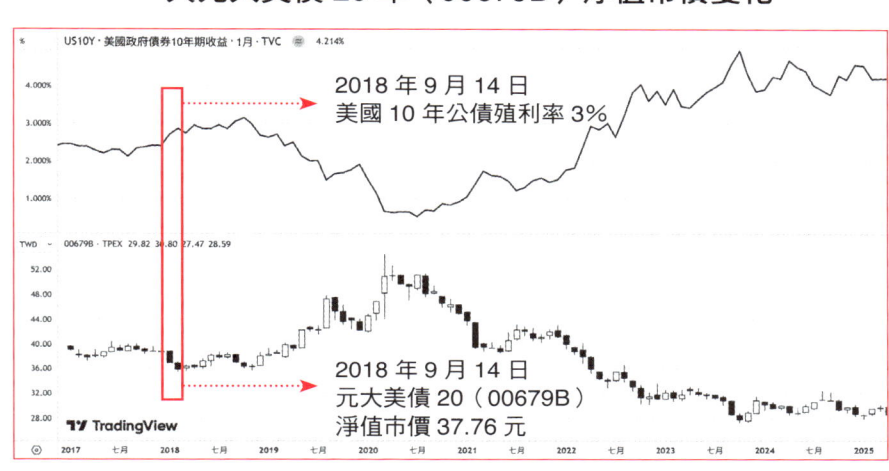

圖表 3-17　2017～2024 年美國 10 年公債殖利率與元大美債 20 年（00679B）淨值市價變化

2018 年 9 月 14 日
美國 10 年公債殖利率 3％

2018 年 9 月 14 日
元大美債 20（00679B）
淨值市價 37.76 元

（資料來源：TradingView）

經濟景氣、債券價格有高度相關，是很好的觀察指標。請記住一個原則：

美國 10 年公債殖利率跌，代表降息，債券價格漲。
美國 10 年公債殖利率漲，代表升息，債券價格跌。

目前美國 10 年公債殖利率來到 4.22％。在 2024 年末降息兩碼後，00679B 的價格從最低點 26.71 元漲到 28.59 元。如果繼續降息到目標利率 2.5％～3％之間，那 00679B 的價格大概會漲到多少？

破框投資,照著做就能富

　　從上頁圖表 3-17 可以觀察到,美國 10 年公債殖利率於 2018 年 9 月 14 日殖利率 3％,00679B 價格大概是 37.76 元,距離現在大概有 2 成的獲利空間,如果利率再往下降到 2.5％時,00679B 就可以來到 39.09 元的價位。如果再往下降,將會有更多的價差,因此可以把利率降到 3％、獲利 2 成當作債券 ETF 未來 3 年的投資目標,我們一起期待。

PART 4
人生獲利商業模式

人生總是不斷的學習與被啟發,
每次新機會來臨時,用心研究、分析,
然後執行就對了!

01 不斷交易創造最高價值

所謂商業模式，是企業透過交易，創造營收與利潤的手段與方法，實現各方價值最大化。如果把企業換成個人，就是如何透過自己的人脈、資源、優勢，實現自我價值最大化。

而人的價值，來自於別人對你的肯定，換成現實的說法，就是別人願意付你多少錢來完成工作。透過學習與交易，我們可以得到更大的認可，持續提升我們的價碼。

我知道有人會說，那些成功的人都很幸運，然而要察覺到自己有運氣，也不是件簡單的事，必須累積一定程度的努力後才察覺得到。

我分享一個自己的例子。我會成立餐飲品牌，是有許多因果關係環環相扣的結果，如果少了其中任何一項，我都不會踏入餐飲業。

2016 年創業失敗後，我跑去擔任女兒國小的志工老師。2020 年新冠疫情期間，很多餐飲店倒閉，當時有位志工媽媽在 Line 群組上說：「○○小館因為疫情生意不好，要結束營業了，請大家在他們歇業前去買便當，支持一下喔！」

破框投資，照著做就能富

這家小餐館我們都很喜歡，媽媽們若沒有時間煮晚餐，經常會去外帶，或請他們外送一桌菜回家。看到訊息的當下，我想起一位碩士班同學，他曾在一家連鎖餐廳當執行副總，原本計畫上櫃，後來也因為新冠疫情而結束營業，於是他跑到高雄去學做便當。他常在群組裡分享健康餐盒的照片，看起來都很漂亮，感覺好好吃。

我想到，居住在新竹的人大部分都是科技業，科技人平常工作時間長、缺少運動，三高、脂肪肝是許多人的通病，再加上女生都怕胖，這種健康又不會胖的便當一定會大受歡迎，在這裡賣健康餐盒一定會有很好的銷量。

那時我剛好有一筆投資獲利的錢，還掉房貸後，手頭還算寬裕，可以拿來創業，便決定立刻去那家小餐館談頂讓事宜，再去跟房東談租金，同時聯絡那位碩士班同學，討論是否可以讓他來新竹開店。就這樣，我們在 2020 年 12 月 25 日聖誕節的那一天開張了，主打「吃不胖的科技便當」。如今，新竹科學園區及台元科學園區裡的很多上市櫃公司，都是我們的客戶，今年我們已經要開第 6 家分店了。

我的人生進化

我曾為了生活費到處打工，早上在早餐店，每天早上 5 點起床，5 點 30 分趕到早餐店，開始煎蛋餅，工作 3 個小時後回家，

準備上學。早餐店的時薪 60 元，1 天賺 180 元，1 週 900 元。下午再去法國人家當保母，薪水比較高，1 小時 200 元，一週 4 小時可以賺到 800 元。晚上再兼家教，1 小時 300 元，1 週 2 小時賺 600 元。總計下來，當時 1 個月的收入是 9,200 元。

一直到畢業後，第一份工作在電子產業當業務，開始有固定薪水，月薪 24,500 元，再加上加班費，約有三萬多元。那時為了存錢出國念書，晚上與週末還兼差當美語老師，再加上公司發年終獎金與股票，一年的總收入加起來大概有 70 萬元。

留學拿到碩士回國之後，我進科技公司開始穩定工作，起初月薪只有 38,000 元，隨著能力增加、升官加薪，1 年的薪水從 70 萬元到破百萬元，再到可以領到公司配股，年薪再往 200 萬元、300 萬元躍進。

然而，人生不會就此順遂。2016 年創業失敗後，有獵人頭公司找我回電子產業當業務，也給了很好的薪資，但我不願退回到過去。命運安排我去上照服員與情商 EQ 的課程，療癒受創傷的心，晚上則研究自己喜歡的投資。

當時剛好新臺幣一直升值，所以外資只會進來臺灣，股市大漲。雖然當下有房貸 1,800 萬元的負債，但我並沒有把賣掉舊房的 400 萬元拿去付貸款，而是全部投入股市，之後陸續在 2017 年獲利 800 萬元、2018 年獲利 1,200 萬元。

這是運氣還是有實力？

很多人覺得我幸運，我必須承認的確有運氣的成分，但能有這樣的決定與判斷，也需要敏銳的觀察力，與相信自己的勇氣，而這些都是我長久努力累積而來的。

因為我有 20 年在電子產業的業務資歷，對電子產業非常熟悉且敏感，覺察力高，經驗告訴我，記憶體族群到第 3 季會漲價，同時觀察到群聯（8299）的財報與獲利營收創新高，應該會大漲，於是我每天注意群聯（8299）的假帳風波到底是真是假。2 週後，潤泰集團總裁尹衍樑砸重金力挺群聯（8299）董座潘健成，而股價也開始扶搖直上，半年漲了 80%。

假帳風波過後，潘健成說了一句話：「凡殺不死我的，必使我更堅強。」這也成了我心裡自我激勵的話。2018 年 8 月 30 日，我成立 GlobalSun 極上國際，我想用這個公司去開創自己的未來。

從第一次創業失敗到現在，我一直不斷交易與學習，找尋著利益的最大化，就像一開始只能靠雙腳雙手搬貨賺錢，隨著懂得運用、累積資源，到最後可以用飛機來承載，能夠載的貨物更多、獲利更高。但即便已經進化到頂端，我仍持續人生交易的腳步，因為飛機載物看似轉換績效高，一不小心也可能會墜機。而且天空無限大，我們無法預估最後的終點會飛到哪，必須不斷的學習，持續累積實力，才能擁抱這無限的可能性。

群聯假帳風波

2016 年中群聯（8299）陷入「財報假帳」風波，董事長潘健成涉嫌假藉經營布局名義，實質控制 3 家公司與群聯交易，導致群聯（8299）在 2016 年 8 月 8 日、8 月 9 日慘吞 2 根跌停板，市值短短 2 天蒸發近 100 億元。潤泰集團總裁尹衍樑即時神救援，出資 20 億元力挺，才讓群聯（8299）在 8 月 10 日打開跌停板。

潘健成當時保證，「沒有作假帳、沒有圖利個人」，僅表示布局踩到紅線，也強調「獲利、股利都是真的」，但仍被專業人士質疑。公司方面則表示，潘健成提到的「踩紅線」，是指群聯（8299）與這 3 家實質關係人間的交易，沒有在財務報表附註事項中說明。

2017 年群聯（8299）因 NAND 記憶體大缺貨，營運情況大好，獲利頻創新高，股價從低點大漲 1 倍之多。群聯（8299）也應金融監督管理委員會要求，火速重編 7 年半的財報，並經過 1 年的調查後，獲不起訴暨緩起訴處分，終結這場假帳風波。

圖表 4-1　群聯（8299）股價走勢圖

（資料來源：TradingView）

02 財富四象限

價值如何來？如何肯定我的價值？最簡單的判斷方法，是別人願意用多少錢付我做事。這個層級，可以到達財富 4 象限中的第 1 象限：投入時間多、工作時間多、金錢收入多，但是好累。

所謂財富 4 象限理論，是把時間花費與金錢收入的相關性劃分成 4 種現象：

第 1 象限：投入時間多、金錢收入多，每小時收入高。
第 2 象限：投入時間少、金錢收入多，每小時收入最多。
第 3 象限：投入時間少、金錢收入少，每小時收入基本。
第 4 象限：投入時間多、金錢收入少，每小時收入最低。

相信大家最想要的，應該都是第 2 象限，因為 CP 值最高。但要怎麼辦到？有個好方法是增加被動收入，讓錢為我們工作。

回顧我們的求學過程中，學校只教導如何取得好成績，用所學專長來換取穩定工作，卻沒教過如何用賺來的錢理財、讓錢生錢。所以我們常有窮忙的感覺，有如老鼠在滾輪上不停的奔跑生

破框投資，照著做就能富

圖表 4-2 財富 4 象限

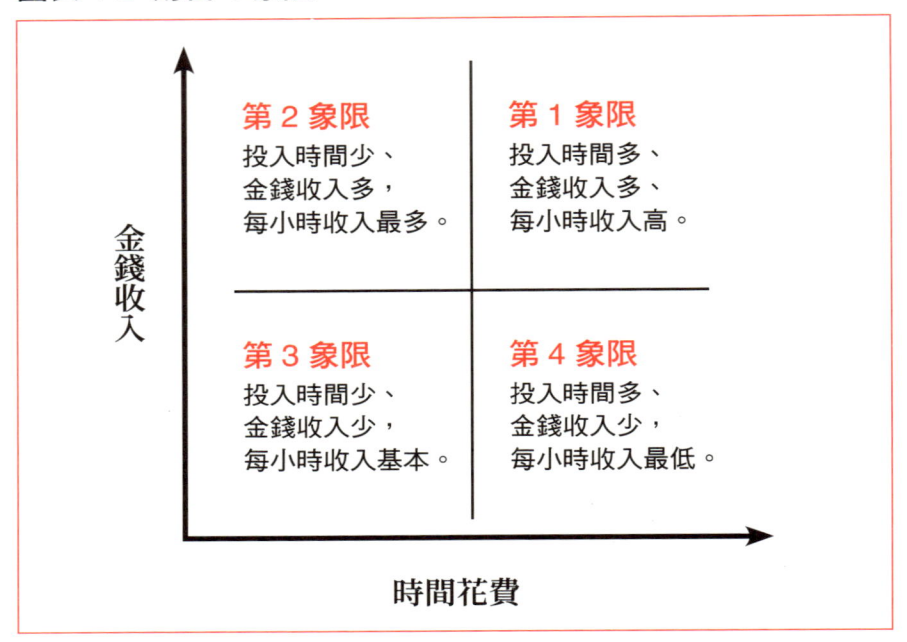

第 2 象限 投入時間少、 金錢收入多， 每小時收入最多。	**第 1 象限** 投入時間多、 金錢收入多、 每小時收入高。
第 3 象限 投入時間少、 金錢收入少， 每小時收入基本。	**第 4 象限** 投入時間多、 金錢收入少， 每小時收入最低。

縱軸：金錢收入　橫軸：時間花費

活著，從早到晚只為了錢而忙碌，忘記自己對什麼事情抱有熱情。

別忘了你的熱情在哪

這讓我想起美國演員金凱瑞（Jim Carrey）曾經說過，他的爸爸本來想做個諧星演員，也有可能成為一名了不起的諧星，但他不相信自己會成功，於是選了一條相對安全、保守的路，成為一名會計師，結果沒想到在金凱瑞 12 歲那年，被公司裁員，一家從

此生活變得非常辛苦。這對金凱瑞的影響很大，既然做自己不喜歡的事還是會失敗，何不對自己真正想做的事放手一搏？

我們人生大半的風景，已經花在公司工作領薪水，可以達到投入時間多、收入也多的財富第 3 象限，但也年紀越長、時間越少，這時金錢賦予我們最大的內在價值，就是賦予擁有可以掌控自己時間的能力，去完成我們想做的事，只有興趣才能燃燒熱情，達到財富第 2 象限。

學習有方法，就會產生熱情

如何能夠燃起對事物的熱情，我也有很深刻的體會。

我從小功課不好，高中也是在後段班，有一天英文老師請病假，來了一個代課老師。代課老師沒有進度壓力，在課堂上教大家唱英文歌，還記得他教的是一首英文老歌，叫做《老橡樹上的黃絲帶》（Tie a Yellow Ribbon Round The Old Oak Tree）。

這首歌的歌詞是一則真實故事改編，講述一個剛出獄的人坐著長途公車返鄉，他曾在獄中寫信給妻子，如果還願意接受他，就在鎮口的老橡樹繫一條黃絲帶。現在公車就快要抵達鎮口，他心情緊張得不敢看向窗外，央求公車司機幫他看看，鎮口的樹上是否有黃絲帶。結果全車乘客都大聲歡呼起來，因為樹上繫了上百條的黃絲帶，迎接著他的歸來。

這首歌讓我愛上英文，開始認真學習，英文成績慢慢進步，

到後來成為全班英文最棒的一個,並激發起想念外文系的欲望,接著連帶的其他科目成績也變好,得到轉至前段班的機會。

這告訴了我們,只要學習有方法,就可以產生興趣、引發熱情,如果有一套可行、有效的方法,能夠不斷的學習金錢的知識,一樣也能點燃對於投資的熱情,賺到被動收入,進而財富自由。

讓投資改變人生,創造新價值

記得在離開創業的公司之後,我到一家上市櫃物聯網公司面試,由於對方提供的職位與我期望能夠做的事不相符,所以最後決定不去這家公司工作。雖然事後確實有一些後悔,因為薪水條件很好,但我還是堅持自己心裡那個界線。

那次之後,儘管獵人頭公司不斷找我,我再也沒有想要面試其他公司,但也因為如此,我活成了現在想要成為的樣子,成立公司、開辦餐飲店、寫作、演講、做自媒體頻道⋯⋯自由規畫我的人生,做很多不同的新嘗試,慢慢積累人生。而這些都是投資在背後支撐著我。

每次的投資獲利,我都運用在人生未來規畫上,拉高我的小宇宙。例如我現在住的房子,位於竹北高鐵蛋黃區。記得 2010 年來看房時,還是個預售屋,四周什麼都沒有。我研究附近的地圖,知道未來會有公園、銀行,還有學校,雖然現在很荒蕪,但看到這些發展規畫,未來會離捷運、高鐵都很近,孩子上學方便,買

東西也便利,我有信心這裡的前景會很好,便決定買了。

買房後的 10 年來房價沒什麼變化,但近 5 年漲了 3 倍,感覺就像台積電(2330)的股票,多年維持在 70 元上下,一漲起來就是三級跳。所以好的股票跟房地產一樣,尤其是資產型股票,放得長久,就會看到好的結果。

最近因為工作關係研究 AI 產業,發覺泰國市場非常有潛力,不僅是 2024 年泰銖升值 10%,也有非常多世界級科技大廠也往泰國移動,包括泰國將成為東南亞 AI 中心,微軟(MSFT)、輝達(NVDA)等產業巨頭,紛紛在曼谷建立數據中心,臺灣廠商也興趣泰國投資熱潮,PCB 廠、電動車、電子業等三大產業帶動南進,臺灣已躍升泰國第 4 大外來投資國。

看到這麼多機會,我第一個想法是:我們的餐廚品牌是否也能到泰國開便當店,成為跨國企業?因此我將投資獲利拿來購買泰國的商辦與房地產,未來計畫把事業版圖往泰國發展。

這是資產分配的觀念,每當獲利到千萬元,我便會做資產配置,把資金放在真正有價值的地方,發揮更多的可能性。看見周遭人、事、物,都為了共同的目標與美好,而有努力往前進,也讓我看到自己的成長,這才是長久的幸福。

PART 5

川普 2.0 時代的破框投資

2025 年開始川普再一次執政,
美國將加強採取保護主義。
其多變的貿易策略,
讓全球面臨到最大的經濟風險,
對股市影響重大。

01 世界經濟劇變，股市終將回歸熱絡

2025 年的美國關稅風暴，已對全球經濟、通膨、供應鏈與地緣政治產生深遠影響，川普認為此舉會有 4 大好處：

• 讓製造業回流美國，保護美國國內就業及工業。這對臺灣的影響會是，可能有更多臺灣廠商必須到美國設廠，目前除了台積電（2330）之外，鴻海（2317）也計畫至美國設廠。

• 刺激美國國內生產，並可減少對外國商品的依賴。因為高關稅會讓美國境內企業的產品價格相對便宜，增加競爭力，讓人民開始多買美國自己生產的產品。

• 美國生產更多產品，製造業將更發達，提升 GDP 成長。

• 吸引資金至美國投資，例如鴻海（2317）、緯創（3231）等臺灣 EMS（Electronic Manufacturing Services，專業電子代工服務）廠，都有計畫到美國設廠。

然而川普預期能夠減少美國貿易逆差、促進製造業回流、強化談判籌碼的政策目標，卻會讓美國通膨壓力上升，因為高關稅

破框投資，照著做就能富

將推高進口商品價格，導致 4 月核心 PCE（Personal Consumption Expenditure Price Index，個人消費支出物價指數，是排除易因季節性影響而波動較大的食品及能源價格後之指標）通膨率可能升至 3.8%，為近年新高；同時也會將成本轉嫁給消費者，影響民生物價。另方面則是農業受創，因為小型農場將面臨出口市場縮減與補貼減少的雙重壓力，可能加速農業集中化。

至於對於全球的影響，則會使貿易放緩，國際貿易量急劇萎縮；供應鏈也將面臨重組，東南亞等地可能成為新興出口對象。若高關稅政策持續，可能導致全球經濟結構重塑，影響深遠。

兩大策略避免通膨再起

要避免因關稅提高而通膨再起，川普也有 2 大策略，第一項是增加傳統能源供給。

石油的平均價格應在 40～50 美元，而美國在喬・拜登（Joe Biden）擔任總統時代通膨嚴重，就是因為石油價格很高。如今川普支持傳統能源，大量開採石油、頁岩油，便能讓石油價格下跌，通膨就會隨之往下降。川普還誓言，將迅速擴大石油和天然氣探鑽與生產，承諾在上任後 1 年內將美國能源成本減半。

第二項是川普明確表示要打擊非法移民，誓言要把他們統統遣送回去。因為非法移民在美國境內都是租屋居住，使得租屋需求增加、租金上漲。把非法移民趕走之後，租屋人口減少，租金

與物價都會下跌,工資也不會一直上漲。

控制物價上漲的因素,第一個是石油,第二是房租變低,第三個是工資不漲,整個通膨就會下降。

從總經判斷川普風向

總經很多變,我們可以用投資八大金律的第一項金律來觀察。從以下重點看來,總經仍是正向發展,股市將持續熱絡:

• 過去川普第一次執政時,美股表現強勁,這次「川普 2.0」將執行更激進的保護策略,讓全世界的資金流向美國。

• 臺灣是支持美國 AI 產業能否快速發展、引領全世界的指標,可以觀察輝達(NVDA)的財報是否持續成長。從 2024 年第 3 季財報所示:營收 350.8 億美元,優於預期的 331.4 億元,年增率 94%;每股盈餘 0.81 美元,優於預期的 0.75 美元,年增率 101%;毛利率 75% 符合財測,可見產業不受影響。

• 臺灣出口到 2025 年 4 月已經連續 18 紅,以資通視聽及電子產業最旺,也就是 AI 概念股成長最高。

另外還可持續觀察,石油價格是否真如川普說的持續下降,通膨控制在 2.5% 以下;以及美國是否持續降息,10 年公債殖利率是否下降,若真降息,將刺激經濟持續強勁,推升美股行情。

02 股市未明時，用美債活化資金

美國 10 年期公債殖利率 2024 年高點落在 4 月的 4.7％，9 月美國第 1 次降息 2 碼，開始進入降息循環，11 月底公債殖利率稍跌至 4.3％左右。以長線來看，若通膨真的下降，聯準會將會持續降息，那麼美國公債殖利率將會降到中性水平 3％左右。

因此，未來 3 年，也就是到 2027 年時，若通膨降到 2％，就會約有降息 10 碼的空間，美國 10 年公債殖利率也會往 3％ 靠攏，美債的價格便將有上漲行情，出現賺價差的機會。

為什麼說現在是投資美債的好時機？因為買美債的人多是長期投資，想要領息。

我在第 1 章分享過，美債價格低，利息會較高，反之若美債價格高，利息則低。現在美債與美債 ETF 價格在相對低點，利息則在相對高點，長期存有美債與美債 ETF 不僅可以避免被扣稅，且還是有 4 ～ 6％ 的利息。以下是 00679B 的例子：

2020 年時美國因為新冠疫情經濟蕭條，不斷的快速降息到 0％，當時 00679B 價格在 46 ～ 50 元，1 年的股利只有 0.53 元，殖利率為 1.09％。來到 2024 年經濟開始起飛，台股大盤指數遂

破框投資，照著做就能富

從 17,519 點漲到 12 月 30 日的 22,908 點，漲幅高達 30.8%。

股市與美債通常成反比，台股大漲，美債相對價格便低，00679B 價格在該年來 10 月 23 日到低點的 27.24 元，但領息 1.33 元，來到歷史領息新高點，殖利率達 4.42%。

2024 年全世界好幾個國家的股市都創下歷史高點，像是美國、臺灣、德國、法國、日本、印度等，但也令人擔憂股市接著是否會走下坡，此時美債或美債 ETF 將會是很好的避風港，會有利息收入與賺到價差的雙重獲利機會。

圖表 5-1 2024 年台股大盤指數與元大美債 20 年（00679B）股價變化

2024 年台股大盤指數漲幅高達 30.8%，00679B 價格反向來到低點 28.49 元，但領息創歷史新高點，殖利率達 4.42%。

（資料來源：TradingView）

圖表 5-2 台股市場可買的美債 ETF

ETF 名稱及代號	成立日期	屬性	配息頻率	殖利率	追蹤指數
元大美債20年（00679B）	2017年1月11日	長天期	季配息	4%～5%	ICE 美國政府 20+ 年期債券指數
國泰美債20年（00687B）	2017年4月6日	長天期	季配息	4%～5%	彭博20年期（以上）美國公債指數
中信投資級公司債（00862B）	2019年10月8日	長天期	季配息	4.5%～5.5%	彭博20年期以上 BBB 級美元公司債券指數
元大美債1～3（00719B）	2018年1月19日	短天期	季配息	4%～5%	ICE 美國政府 1-3 年期債券指數
國泰投資級公司債（00725B）	2018年1月29日	10年期	季配息	5.5%～7.5%	彭博10年期以上 BBB 美元息收公司債（中國除外）指數

註：殖利率以 2025 年 5 月 7 日之股價計算。
（資料來源：台灣股市資訊網）

03 世界關稅新秩序，臺灣的風險與機會

　　川普的新關稅政策，讓中美貿易戰再次白熱化，臺灣市場這回也將處於機會與風險並存的境地，因為美國將更倚重「友岸供應鏈」來取代中國產品，臺灣、日本、南韓都將受惠。

　　主要影響族群包括晶圓代工、IC 設計、AI 及伺服器供應鏈等，台積電（2330）、聯電（2303）、聯發科（2454）、瑞昱（2379）、廣達（2382）、緯穎（6669）、技嘉（2376）、奇鋐（3017）、雙鴻（3324）等，都可望成為新關稅架構下的大贏家。

　　影響也將擴及軍工與資安產業，因為一旦地緣政治風險升高，臺灣國防預算成長，美國亦會持續軍售支持臺灣。另一方面當「科技鐵幕」成型，美中將形成兩套互不兼容的科技體系，從作業系統、網路基礎設施到通訊協議，全球企業將被迫選邊站。如此情勢下受惠企業包括軍工股的漢翔（2634）、雷虎（8033），資安通訊設備的中磊（5388）、啟碁（6285）、神基（3005）。

　　在目前的環境下，我想特別提一下輝達（NVDA），因為它與臺灣科技業之間關係緊密，且具有戰略意義，特別是在晶片製造、AI 供應鏈與地緣政治影響這 3 個層面。

圖表 5-3 中美貿易戰之下的台股受惠族群

受惠產業	受惠企業及代號	原因
晶圓代工	台積電（2330）、聯電（2303）	中美脫鉤推升美國訂單、轉單效益明顯。
IC 設計	聯發科（2454）、瑞昱（2379）	去中化以及美國市場需求增加。
先進封裝及測試	日月光投控（3711）、矽格（6257）	美系大廠增加對臺合作。
AI 及伺服器供應鏈	廣達（2382）、緯穎（6669）、技嘉（2376）	資料中心建設需求強。
散熱設備	奇鋐（3017）、雙鴻（3324）	AI 伺服器與邊緣運算散熱爆量需求。
軍工	漢翔（2634）、雷虎（8033）	臺灣國防預算成長，美國持續軍售臺灣。
資安	中磊（5388）、啟碁（6285）、神基（3005）	美中科技體系選邊站，網路基礎設施建立需求。

輝達連動臺灣科技業，是機會也是風險

　　台積電（2330）是輝達（NVDA）的關鍵夥伴，其高階 GPU（Graphics Processing Unit，圖形處理器）如 H100、A100，多數交由台積電（2330）以 5 奈米、3 奈米等先進製程製造。輝達（NVDA）目前仍未自己生產晶片，與台積電（2330）的合作是其 AI 晶片霸主地位的基石。

圖表 5-4 輝達（NVDA）與臺廠的合作關係

代工類別	合作企業及代號	關聯性
晶圓代工	台積電（2330）	GPU 核心代工
封裝載板	日月光投控（3711）、欣興（3037）、南電（8046）	CoWoS 與 ABF 載板
伺服器製造	鴻海（2317）、廣達（2382）、緯創（3231）、英業達（2356）	ODM AI 伺服器代工
散熱模組	奇鋐（3017）、雙鴻（3324）、建準（2421）	AI 晶片用高效散熱器
控制 IC	信驊（5274）	AI 伺服器的管理晶片
ASIC／IP 設計	世芯-KY（3661）、創意（3443）	客製 AI 晶片開發支持

此外，輝達（NVDA）的封裝測試與零組件，也來自臺灣的日月光投控（3711）及力成（6239）；PCB（Printed circuit board，印刷電路板）、矽光子模組等元件，亦多仰賴臺灣供應鏈。未來一旦「去中化」加速，臺灣地位將更為關鍵，因為輝達（NVDA）可能更依賴非中國的高科技製造基地，產能將轉向臺灣供應鏈，來支援美國與其他市場。

然而另一方面，若川普持續強硬對中，可能加劇臺海緊張，地緣政治風險升高，使臺灣作為全球晶片中心的地位更顯脆弱。屆時國際企業（包括輝達〔NVDA〕）或將面臨壓力，需分散產地風險到臺灣以外國家，甚或川普可能推動各家科技大廠下更多

破框投資，照著做就能富

訂單給台積電（2330）的亞利桑那廠，那麼臺灣將可能失去部分高階製程訂單，面臨產能轉移壓力。

歐洲市場升溫，資產配置新選擇

美國關稅風暴雖讓全球股市大跌，卻引發資金回流歐洲，讓歐洲股市創新高，其中德國經濟表現強勁，法蘭克福指數（Der DAX，由德意志交易所集團〔Deutsche Börse Group〕推出的藍籌股指數，包含 40 家德國主要公司）在 2025 年已上漲超過 12%，超越法國的巴黎券商公會指數（CAC 40，由巴黎證券交易所的 40 家市值最大公司組成）和美國的標普 500 指數。

德國主要企業如德意志銀行（Deutsche Bank AG）和漢莎航空（Lufthansa），皆公布了強勁的第 1 季度業績，並維持全年樂觀的展望；德國防務和汽車公司 Rheinmetall 則是股價在 2025 年已上漲 130%，第 1 季度的營收和營業利潤分別增長 46% 和 49%，新訂單量達到 110 億歐元。此外，歐洲最大資產管理公司 Amundi，在第 1 季度實現了 310 億歐元的資金淨流入，超過分析師預期，也反映出市場對歐洲股票的興趣上升。

歐洲市場向來不是臺灣投資人的關注焦點，但在歐元升值、歐股創新高時，增加全球型或歐洲市場的 ETF 成為資產配置的一部分，也是分散投資風險的好選擇，像是全球型的國泰全球品牌 50（00916）、凱基全球菁英 55（00926）、中信全球高股息

（00963）、元大航太防衛科技（00965），及集中歐洲市場的元大歐洲50（00660）、富邦歐洲（00709）等都可納入參考指標。

台股ETF這樣配，做自己的董事長

若是回歸單純以台股ETF為投資組合，我建議可以分配60％大型ETF，比如市值型的0050、高股息型的0056，再搭配20％美股ETF如00757，及20％債券ETF如00679B，追求股債平衡。

而我自己是配置3檔高股息型00713、00878、0056；1檔市值型0050；1檔美股ETF 00757；1檔美債ETF 00679B，這樣的組合有幾項優勢：

1. 以高股息的00713、00878、0056為主，因為各檔的配息月分不同，組合起來剛好可達成月月配。

2. 0050成分股以科技股為大宗，儘管現階段台積電（2330）因川普政策而股價大跌2成左右，本益比來到17，低於合理值，但未來股市好轉時將反彈最快，在大跌低點配置亦將獲利最多。

3. 搭配美國科技股為主的00757，能囊括美國最強10檔科技股，目前美股大跌2成，是加碼好時機。

4. 配置1檔美債ETF，在股市不好時作為避風港，穩定軍心。

大家可以參考我的自組方式，建構你自己的ETF組合，然後每個月審視報酬率、調整比例。如此一來，你就是董事長，每年結算自己公司的盈餘，享受被動收入進到口袋的滿足感。

圖表 5-5 全球型及歐股 ETF 選擇

ETF 名稱及代號	國泰全球品牌 50（00916）	凱基全球菁英 55（00926）
上市日期	2022 年 9 月 26 日	2023 年 6 月 2 日
發行價	15 元	15 元
2025 年 4 月 29 日股價	23.12 元	20.02 元
資產規模	29.68 億元	27.84 億元
受益人數	16,765 人	18,612 人
2024 年殖利率	0.86%	6.8%
成立以來報酬率	61.73%	40.73%
投資標的內容	追蹤 ICE FactSet 全球品牌 50 指數，成分股以消費品牌為主，其中美國品牌占比最高。	追蹤彭博全球產業菁英 55 指數，風險等級 RR4，成分股涵蓋資訊科技、通訊服務、醫療保健、工業、原物料、金融、公用事業、能源及房地產等。
前 5 大成分股	微軟 蘋果 亞馬遜 Meta 字母控股	字母控股 微軟 蘋果 輝達 Meta

PART 5 川普 2.0 時代的破框投資

中信全球高股息（00963）	元大航太防衛科技（00965）	元大歐洲 50（00660）	富邦歐洲（00709）
2024 年 11 月 14 日	2024 年 11 月 26 日	2016 年 6 月 15 日	2017 年 8 月 1 日
10 元	14.98 元	20 元	20 元
10.47 元	17.23 元	37.55 元	32.18 元
6.93 億元	131.46 億元	2.7 億元	2.58 億元
4,367 人	24,333 人	726 人	1,026 人
	─	2024 年未配息	不配息
9.3%	12.8%	94%	61.7%
追蹤 NYSE 全球特選高股息自由現金流指數，風險等級 RR3，成分股以歐美國家工業，金融，能源，房地產為主。	追蹤 NYSE 全球航太與防衛科技指數，成分股中台積電（2330）占比 6.71%。	追蹤歐洲 STOXX50 指數，由歐元區成員國德國、法國、義大利、芬蘭等 12 國 50 檔市值最大、流動性最高之上市公司所組成。	追蹤富時發展歐洲指數，包含 47 個不同國家或地區超過 7,400 支證券，涵蓋 98 % 的全球可投資市值。
安納利資本管理 巴西石油 鳳凰集團控股 史塔屋資產信託 哥倫比亞國家石油	三菱重工業 韓華航空航天 日本電氣 富士通 韓華集團	思愛普 艾司摩爾 西門子 安聯 酩悅‧軒尼詩－路易‧威登集團	思愛普 雀巢 艾司摩爾 羅氏 諾華

圖表 5-6 用台股 ETF 布局全球

配置類型	月月配組合 50%		
ETF 名稱及代號	元大台灣高息低波（00713）	國泰永續高股息（00878）	元大高股息（0056）
近 1 年殖利率	10.60%	9.67%	11.07%
年化報酬率	0%	0.7%	-4.5%
上市至今的年化報酬率	20.56%	10.63%	10.71%
受益人數	41.3 萬人	172.9 萬人	146.9 萬人
資產規模	1,363 億元	4,115 億元	4,139 億元
月增率	6.05%	3.86%	8.47%
前 5 大成分股	台灣大（3045） 統一（1216） 遠傳（4904） 統一超（2912） 台新金（2887）	聯詠（3034） 聯發科（2454） 華碩（2357） 聯電（2303） 瑞昱（2379）	長榮（2603） 聯電（2303） 聯詠（3034） 中信金（2891） 華碩（2357）

市值型 20%	美股型 20%	美債型 10%
元大台灣 50（0050）	統一 FANG+（00757）	元大債 20 年（00679B）
2.30%	不配息	3.5%～4.5%
8%	22.6%	4.1%
12.12%	18.06%	-8.45%
109 萬人	9.1 萬人	35.5 萬人
4,879 億元	502.9 億元	2,626 億元
8.48%	1.04%	-5.51%
台積電（2330） 聯發科（2454） 鴻海（2317） 台達電（2308） 廣達（2382）	網飛（NFLX） CrowdStrike（CRWD） ServiceNow（NOW） 微軟（MSFT） 博通（AVGO）	—

結語
人生就像股票，努力就會增值

　　如果把自己想像成一張股票，你希望是什麼類型的股票？又或是哪一檔股票？你會如何交易自己的人生來增加自我價值？現在的工作或身處環境，能讓你持續提升，還是如均線糾結一般，遲遲看不到未來？

　　鴻海過去 10 年的股價，一直維持在 100 元上下，直到 2023 年以前，每年的每股盈餘都是 10 元左右，本益比也是 10。但是在 2024 年，鴻海股價急速翻了 2 倍，本益比來到 20。

　　為什麼有這麼大的突破？那是因為鴻海為輝達百萬兆級電腦 GB200 代工，成了 AI 概念股，讓本益比翻 2 倍。

　　同樣道理，我們的價值並非由誰定義，也不會因為被公司資遣而歸零。不管身在何處，只要持續努力，就能不停創造、累積價值，豐富人生。而這份努力，除了是工作存錢、提升視野之外，還必須愛上投資，盡可能的學習金錢相關知識，賺到曾經不懂的錢。那麼我們也將如鴻海，甚至是台積電，身價不斷成長。

　　我的家境並不富裕，初入社會時沒有人脈，也沒有特殊才能。

破框投資，照著做就能富

但我認為，人生不應該只為了應付生活而活著，因為常告訴自己：「只要不斷努力，我相信人生就會像股票一樣慢慢增值。」於是我拚命念書、打工兼職、成為電子業業務，做著「長期布局」。

在努力的過程中，難免遇到令人挫折的人、事、物，但我心裡一直有句布袋戲的經典臺詞支撐著我，那就是：「別人的失敗，就是我的快樂！」所以我從不放棄，因為一旦放棄就將前功盡棄，不僅是為了不被那些如同藏鏡人（按：布袋戲中的反派角色）一般的人看扁，也因為我相信，真正的價值需要耐力長期累積，累積將會看到奇蹟。

創業失敗、離開職場後，我開始規畫自己的人生投資組合，先成立自媒體頻道「陳詩慧波段旅程」，把我的投資、創業、生活作成紀錄，同時幫助更多人建立健康的財務觀念。接著我開始寫書、演講、辦課程、上節目、共同經營餐飲品牌，到現在規畫新事業版圖。我的人生投資組合逐漸發酵，過往所有不被看見的努力，正慢慢形成我人生的「複利效應」。

所以，請把自己想像成一張股票，讓自己的股價提升吧！現在就開始養成以下好習慣：

- 每天早上花 30 分鐘，把國內、外財經新聞重點都讀過一遍，尤其是台股與美股的相關訊息，一定要記錄下來。每天持續累積，你會越來越快抓到重點、看到先機，下一步便是深入研究其可行性，以及最重要的是去執行。

- 美國跟臺灣的政府單位都會定期發表主要經濟數據，像是聯準會是否降息；美國 10 年公債殖利率；CPI、失業率、GDP 等通膨相關指數是否成長；美股七雄的財報；美元指數……也務必記下來。
- 隨時關注新臺幣是否升值；臺灣出口值是否增加；石油、黃金、比特幣價格與股市之間的連動關係。
- 最重要的是，你一定要看正在投資的公司，每個月的營收報告。

專注是投資勝率的關鍵，吸收市場資訊，但不要被市場情緒影響。也不要聽信其他人的言論，影響了自己的投資判斷和策略，千萬不要為了半路殺出來的小花，拋棄了自己辛苦栽培的玫瑰。慢慢的，你將會走出自己的穩富之路。

最後我要告訴你，投資可以帶來人生趣味，同時也一定會遇到挫折。只要記住，「失敗是學到，成功是賺到」，不管是學到還是賺到，都是通往財富自由的人生。

國家圖書館出版品預行編目（CIP）資料

破框投資，照著做就能富：八大破框武器，不論是低薪、小資或準退休族，都能靠台股、美股、ETF，翻轉人生。／陳詩慧著. -- 初版. -- 臺北市：大是文化有限公司，2025.06；256 面；17×23 公分

ISBN 978-626-7648-39-1（平裝）

1. CST：股票投資　2. CST：投資分析
3. CST：投資技術

563.53　　　　　　　　　　　　114002606

Biz 488
破框投資，照著做就能富
八大破框武器，不論是低薪、小資或準退休族，都能靠台股、美股、ETF，翻轉人生。

作　　　者	╱陳詩慧
責任編輯	╱宋方儀
校對編輯	╱馬祥芬
副總編輯	╱顏惠君
總　編　輯	╱吳依瑋
發　行　人	╱徐仲秋

會計部｜主辦會計╱許鳳雪、助理╱李秀娟
版權部｜經理╱郝麗珍、主任╱劉宗德
行銷業務部｜業務經理╱留婉茹、專員╱馬絮盈、助理╱連玉
　　　　　　行銷企劃╱黃于晴、美術設計╱林祐豐
　　　　　　行銷、業務與網路書店總監╱林裕安
總　經　理╱陳絜吾

出 版 者╱大是文化有限公司
　　　　　臺北市 100 衡陽路 7 號 8 樓
　　　　　編輯部電話：（02）23757911
　　　　　購書相關諮詢請洽：（02）23757911 分機 122
　　　　　24 小時讀者服務傳真：（02）23756999
　　　　　讀者服務 E-mail：dscsms28@gmail.com
　　　　　郵政劃撥帳號：19983566　戶名：大是文化有限公司

香港發行╱豐達出版發行有限公司 Rich Publishing & Distribution Ltd
　　　　　地址：香港柴灣永泰道 70 號柴灣工業城第 2 期 1805 室
　　　　　　　　Unit 1805, Ph. 2, Chai Wan Ind City, 70 Wing Tai Rd, Chai Wan, Hong Kong
　　　　　電話：2172-6513　傳真：2172-4655　E-mail：cary@subseasy.com.hk

封面設計╱林雯瑛　內頁排版╱林雯瑛
印　　刷╱鴻霖印刷傳媒股份有限公司
出版日期╱2025 年 6 月初版
定　　價╱新臺幣 480 元（缺頁或裝訂錯誤的書，請寄回更換）
I S B N╱978-626-7648-39-1
電子書 I S B N╱9786267648377（PDF）9786267648384（EPUB）

有著作權，侵害必究　Printed in Taiwan
※ 本書提供之方法與個股僅供參考，請讀者自行審慎評估投資風險。